AMÉRIQUE CENTRALE

LA RÉPUBLIQUE DU HONDURAS

ET SON CHEMIN

INTEROCÉANIQUE

PAR

GUSTAVE DE BELOT & CHARLES LINDEMANN

PARIS
DENTU, LIBRAIRE-ÉDITEUR
PALAIS-ROYAL

1867

AMÉRIQUE CENTRALE

LA

RÉPUBLIQUE DU HONDURAS

ET SON CHEMIN

INTEROCÉANIQUE

PARIS. — TYPOGRAPHIE MORRIS ET COMPAGNIE
64, rue Amelot.

AMÉRIQUE CENTRALE

LA
RÉPUBLIQUE DU HONDURAS
ET SON CHEMIN
INTEROCÉANIQUE

PAR

GUSTAVE DE BELOT & CHARLES LINDEMANN

PARIS
DENTU, LIBRAIRE-ÉDITEUR
PALAIS-ROYAL

1867

A Leurs Excellences

DON FRANCIS DUEÑAS ET DON JOSÉ MARIA MÉDINA

PRÉSIDENTS DES RÉPUBLIQUES

DU SALVADOR ET DU HONDURAS

ET

A leur digne Ministre Plénipotentiaire

A PARIS

MONSIEUR VICTOR HERRAN

I

Il y a quelques années à peine, un traité libre échangiste, faisant crouler les derniers débris des entraves que le système féodal avait imposées aux transactions, inaugurait d'une façon brillante l'ère de la liberté commerciale.

Cet acte immense, dont les résultats palpables sont la meilleure des défenses, ouvrait un horizon inconnu à notre exportation, qu'un système barbare à force d'être protecteur empêchait de se développer.

Aussi, quoi de plus éloquent que les chiffres qui signalent, chaque année, l'accroissement prodigieux de notre industrie? quoi de plus évident que l'augmentation incessante de nos exportations?

Que les adversaires sérieux et de bonne foi du traité libre échangiste consultent enfin les relevés officiels de notre commmerce, et ils verront sa marche ascendante.....

Sans doute les détracteurs systématiques du libre échange trouvent, quoique à grand' peine, des exemples de déceptions.

Mais quelle est la règle qui n'a pas son exception? et si, par hasard, quelques manufacturiers français ont été malheureux ou inhabiles dans la lutte qu'ils ont entreprise contre nos rivaux d'outre-Manche, le succès de l'ensemble de notre industrie qui a vaincu sur toute la ligne la fabrication anglaise, n'est-il pas une glorieuse compensation?.....

A peine le traité de commerce était-il signé que notre fabrication, endormie dans la sécurité prohibitionniste, sortit de sa léthargie, les machines se transformèrent ou se perfectionnèrent, la concurrence doubla l'énergie de la lutte, et nos produits améliorés montrèrent au monde que nous étions aussi grands dans les luttes industrielles que sur les champs de bataille.

Notre marché, encombré d'abord de produits anglais, sembla dès le principe menacer la fabrication nationale ; une panique s'ensuivit, et les ignorants et les timides abandonnèrent seuls la partie.

Les hommes de cœur et de progrès, loin de se décourager, s'acharnèrent à la lutte; nos usines, transformées, livrèrent bientôt meilleur, comme qualité, et à des prix qui ruinèrent la concurrence anglaise.

Nos rivaux ne triomphèrent qu'un instant, et les produits anglais, si vantés, furent délaissés pour nos tissus nationaux.

Aujourd'hui l'expérience a parlé, les vaines théories ont été brutalement détruites par les chiffres; notre commerce d'exportation s'accroît sans-cesse, et la fabrication française, stimulée par la concurrence, sera bientôt sans rivale.

Mais si le marché européen nous est exclusivement dévolu, en est-il de même en Amérique?

Que fait notre commerce dans ce magnifique pays malheureusement si inconnu qu'à peine les noms des républiques hispano-américaines sont familiers à nos exportateurs.

Nos publicistes, uniquement frappés du grand mouvement qui a jeté les forces les plus puissantes de l'Europe sur le nord Amérique, s'occupent seulement des États-Unis; parfois le Brésil et le Mexique attirent leur attention. Mais l'on ignore les ressources immenses que les républiques hispano-américaines offrent en vain, depuis leur indépendance, à la nation française, qui leur est sympathique par les mœurs et le caractère.

L'Amérique renferme 58,000,000 d'habitants; son commerce d'exportation et d'importation est d'environ 4 milliards.

Sur ce chiffre si important, quelle part revient aux États-Unis?

Que reste-t-il aux républiques hispano-américaines?

Or, en admettant que le trafic des États-Unis soit de 250,000,000 *de dollars*, les États hispano-américains n'offrent-ils pas encore près de trois milliards d'affaires, où la France peut largement participer.

Les États-Unis exportent :

Du sucre;
Du coton;
De la farine;
Du blé;
Du maïs;
Du bœuf, porc, lard et autres produits animaux;
Du tabac;
Du bois de construction;
Des produits de la mer;
Huile de baleine;
Pétrole;
Or Californien, des fourrures;
Potasse;
Houille;
Fer;
Café;
Thé;
Poivre;
Poudre à tirer;
Meubles;
Étoffes de coton;
Machines industrielles;
Chapeaux;

Ouvrages en cuir;

Armes, etc. :

Qu'exportent les républiques hispano-américaines ?

Examinons l'immense variété de leurs produits, et quand nous connaîtrons leur importance et leur richesse, nous comprendrons enfin que le libre échange ne sera réellement productif que quand nos exportateurs échangeront directement nos objets manufacturés avec les richesses agricoles et minérales des républiques du centre et du sud.

Qu'on le sache bien, ce qui constitue la richesse commerciale des Anglais, c'est la vente de leurs étoffes, fontes, fers, etc., sur tous les marchés du globe, où, en payement, ils reçoivent les indigos et les cafés, que nous allons souvent chercher sur les marchés de Londres ou de Liverpool.

Imiter nos voisins, transporter sur les marchés les plus éloignés nos produits manufacturés, les y faire admirer, apprécier, connaître; échanger nos étoffes de Mulhouse, Roubaix, Saint-Quentin, contre des indigos, des cotons et des cafés ; arriver enfin à recevoir en droiture les richesses minérales et agricoles de l'Amérique, en vendant au consommateur sans l'intermédiaire anglais, allemand, ou américain,

Voilà le but et la pensée des hommes éminents qui ont inauguré le régime de la liberté commerciale.

Il sera atteint dès que nous serons enfin familiarisés avec l'Amérique, et que des voies sûres et rapides nous permettront de circuler dans ces riches contrées.

Nous connaissons les principales exportations de l'Amérique du Nord, examinons celles du Sud.

L'Amérique espagnole exporte en minéraux :

L'albâtre ;

L'alcali minéral ;

L'alun ;

L'antimoine ;

Des argiles blanches ;

Des argiles colorées ou ocres ;

De l'asphalte ;

De l'arsenic blanc;

Du bismuth ;

Du bitume minéral ;

Du cobalt ;

Du couperose;

Des cristaux de roches;

Du cuivre;

De l'étain;

Du fer;

De la gomme minérale;

De la houille;

Du kaolin;

Du lignite;

Du marbre;

Du manganèse;

Du mercure natif;

Du naphte;

Des pierres précieuses :

Opales, émeraudes, jaspes, lapis-lazuli, des tympanites ou pierres sonores, des perles, des diamants, saphirs, rubis, améthystes;

Du plomb;

Des quartz et pierres vitrifiables;

Du salpêtre;

Du sel commun;

Du sel gemme;

Du soufre pur;

Du sulfate de magnésie;

Du sulfalte de soude;

De la terre à foulon;

De la terre à savon;

Du sulfate de zinc ;

Du sulfate de cuivre;

Du zinc.

Les mines d'or, d'argent, y sont, on le sait, les plus abondantes du monde, et plusieurs districts, entre autres le Honduras, produisent le platine.

Si les entrailles de la terre distribuent depuis des siècles des trésors au nouveau monde, sa surface nous prodigue les richesses végétales les plus complètes.

La vigne, le manioc, la yuca, la canne à sucre, les patates, les ignames, les noix, le mani, les olives, le cacao, le café, la vanille, le tabac, le coton, la cire, le miel, le coco, le maté, l'indigo, la cochenille, la salsepareille, le thé, le sucre, la soie, la cire, la pita, la sparte, l'agave, l'aloès, la mapajo, le mataga, les ananas, les orangers, les citrons, la cascarille, l'herbe mate (production importante du Paraguay), la jute, les huiles de coco, de coyac, de palma-christi, ricin, résines, tous nos légumes, nos fruits d'Europe, et les céréales des pays tempérés, s'exportent aussi en immense abondance de ces pays que nous ignorons le plus souvent.

Quant à leur richesse forestière, elle est incomparable. Les forêts du Honduras, du Brésil, de la Bolivie, sont mille fois plus riches que celles que l'on exploite aux États-Unis.

Mentionnons quelques-unes de leurs essences précieuses que le climat du Nord ne saurait jamais faire germer :

Le quinquina, le jararisca, qui est meilleur que le quinquina pour les fièvres; l'arbuste chiriguano, qui arrête les hémorrhagies ;

La cucheri ;
Le gayac ;
Le copahu ;
Le maria ;
Le tolu ;
Le ricin ;
Le jalap ;
La cana fistula ;
Le puchurium ;
Le camphrier ;
La gomme arabique ;
L'ipécacuanha ;

Le benjoin;
Le copal;
L'encens;
Le baume du Pérou.

Quant aux essences précieuses qui donnent les teintures, elles sont aussi l'objet d'un immense trafic :

Le sang-de-dragon;
Le molle;
Le pireochaqui;
Le patito;
Le chiriguisi;
Le bois jaune;
Le ricou;
L'aïrampo;
Le curupaï;
Le gaïac;
Le nopal;
Le balisier;
Le bois du Brésil;
Le campêche;
Le morales;
La garance;
L'arbre à suif;
L'algarrobo.

L'ébénisterie peut y trouver les arbres suivants :

Le jacaranda;
Le pao setim;
Le carandaïs;
La jarca colorada;
Le bois de sandal;
Le bois de rose;
La gateada;
La lanza;

L'ébénier ;
Le curupaï noir ;
Le curupaï fauve ;
Le curupaï écarlate ;
L'acajou moucheté ;
La grenadille ;
Le brésillet.

Quant aux bois de construction, ils sont magnifiques, et il serait facile à la France de se servir des suivants :

Chêne ;
Cèdre ;
Acajou ;
Seiba ;
Palmier ;
Pin ;
Bouleau ;
Frêne ;
Noisetier.
Etc., etc.

Que l'on joigne à ces exportations, dont nous ne donnons qu'une esquisse aussi incomplète que rapide, les bestiaux et les poissons, écailles, fanons de baleine, etc., etc., qui sont aussi l'objet d'un immense commerce, et l'on comprendra nos regrets de voir notre mère-patrie sembler dédaigneuse de tant de richesses.

Le traité qui a inauguré le régime du libre échange est la plus belle conquête des temps modernes ; sa gloire est plus durable et plus utile que celle de nos grandes victoires. A nous de profiter d'un pareil bienfait.

C'est pour prendre une part modeste, mais active, au grand mouvement industriel et commercial qui va régénérer le vieux monde, que nous signalons l'importance des travaux de M. Herrau, l'habile et infatigable promoteur du chemin de fer du Honduras.

Le jour où cette œuvre colossale sera terminée, la France aura enfin un pied dans le Pacifique, et ses fils, reconnaissants de la haute initiative qui a brisé les entraves commerciales, pourront lutter sur les marchés de San Francisco, de l'Amérique centrale, du Pérou, de la Bolivie et du Chili, avec les citoyens de la grande République américaine, qui, abusant du monopole du chemin de fer de Panama, imposent à nos exportateurs leur despotisme commercial.

La Belgique, l'Espagne, l'Italie, le Portugal, enfin l'Europe commerciale sont intéressés à cette entreprise : échapper à un monopole onéreux, raccourcir la distance qui nous sépare des grands marchés du Pacifique, éviter les tempêtes et les fièvres de Panama....

Économie de la vie humaine, d'un temps précieux, et d'un argent qui pourra être utile aux affaires, voilà le noble but qui sera atteint par la construction de la voie interocéanique à travers le Honduras.

L'Europe a trop longtemps laissé le monopole commercial aux races anglo-saxonnes, et, aujourd'hui, elle doit enfin songer à ne plus être tributaire des négociants anglais.

Déjà la France a pris sur les marchés américains une place qui a son importance. Son trafic avec ces pays a quadruplé depuis 1849.

Au Chili, son mouvement commercial était, en 1863, de 5,951,222 piastres,

Tandis qu'en 1849, il n'était que de 1,756,697 piastres.

Il en est de même pour tous les autres marchés hispano-américains.

Et cependant, malgré ce progrès, nous ne pouvons être satisfaits, car notre mouvement commercial avec l'Amérique espagnole est bien loin de celui que l'on doit attendre.

En effet, il y a deux ans, sur 839 navires entrés dans les ports du Mexique, 69 seulement étaient français.

Les Anglais y figuraient pour 108,

Et les Américains du Nord pour 465.

Les Espagnols, qui, il ne faut pas l'oublier, ont doté l'ancien monde des trésors du nouveau, doivent, comme nous, songer à lutter contre le monopole anglo-saxon ; ils ont en honneur de continuer les traditions de leurs pères, et, s'il est vrai que la cupidité ait empêché longtemps le conseil des Indes d'étudier le moyen de réunir les deux océans, cette idée sublime et grandiose n'en appartient pas moins à la nation qui a donné au monde les plus grands navigateurs.

La Belgique doit exporter en Amérique ses armes et ses tissus ; le Portugal des vins, huiles et fruits secs. Quant à l'Italie, elle tient déjà une place honorable dans le commerce du Pacifique.

Nous osons aussi espérer que les brillantes conquêtes de la Prusse tourneront au profit du développement de son commerce maritime.

L'homme qui a su faire un corps homogène de cette nation allemande si grande, mais, hélas ! si divisée, comprendra mieux que ses devanciers que, si la gloire militaire a ses enivrements, les conquêtes du commerce et de l'industrie sont durables et constituent seules la prospérité d'un État.

Les tissus, les alcools, les produits admirables et admirés de l'Allemagne doivent marcher de pair avec ceux de la France, et l'aider dans la lutte toute courtoise qui doit enfin exister entre le commerce français et le monopole américain.

Des essais ont été tentés ; la réussite les couronne : il faut persister.

II

L'émigration du capital et des bras, qui semblait exclusivement destinée au Nord Amérique, tend à se diriger ou du moins à se diviser en deux courants également considérables.

L'un, suivant la tradition, cherche dans les plaines et les forêts des États-Unis un sol nutritif que lui refuse la vieille Europe ; l'autre, descendant vers le Sud, trouve sûrement dans cet admirable pays, appelé l'Amérique centrale, les ressources multipliées que son sein inépuisable offrait vainement aux travailleurs européens.

Déjà le Salvador et le Hondouras se colonisent, d'importantes plantations, dirigées par des Européens, atteignent des proportions considérables.

La maison Menier cultive le cacao sur une grande échelle au Nicaragua ; le baron du Theil augmente à Escuintea son immense cafetal, et l'hospitalier et intelligent M. Courtade fait admirer au voyageur les plantations de cotons qu'il a établies à l'Union.

Le commerce français, longtemps rebelle aux grandes entreprises, se porte aussi sur un champ qu'il dédaignait d'exploiter.

La maison Tournon, à Costarica; les docks français, dirigés avec autant d'intelligence que de probité, par MM. D'Aubuisson et Bouineau, à San Salvador, et tant d'autres que nous pourrions nommer, montrent que notre patrie envoie dans l'Amérique centrale d'honnêtes négociants et d'excellents agriculteurs.

L'industrie, que les découvertes scientifiques poussent sans cesse à l'amélioration et au développement des communications, prend aussi sa part dans le mouvement général de la vieille Europe sur l'Amérique centrale; et, au moment où nous écrivons ces pages, trois projets de chemins ou de voies interocéaniques appellent l'attention du génie et du capital.

Placés, soit par la connaissance exacte des lieux, soit par la facilité d'étudier ces grandes entreprises sur les pièces les plus authentiques, nous avons cru devoir publier le résultat de nos appréciations. Heureux si quelques lignes, guidées par la vérité la plus désintéressée, peuvent éviter au capital des catastrophes, hélas! fréquentes quand la sagesse, le talent et l'honnêteté ne président pas aux grandes entreprises.

Trois projets sont à l'étude dans l'Amérique centrale :

1° Le percement d'un canal qui partirait de Chagres et irait déboucher dans la rade de Panama.

2° Le tracé d'un chemin de fer, interrompu par les grands lacs, à travers le Nicaragua.

Projet bâtard où la navigation s'alternerait avec la vapeur.

3° La création possible et sérieuse d'une voie ferrée qui partirait de Puerto-Cortes ou Caballos sur l'Atlantique, et qui irait déboucher dans la splendide baie de la Union.

C'est à ce dernier tracé que nous consacrons cette étude; après son exposition il nous sera facile de faire ressortir en quelques mots les avantages immenses qu'il offre sur ses rivaux.

Mais avant nous croyons devoir donner, sous le titre de *Secret des passages*, un aperçu aussi vrai que rapide des tentatives vainement faites depuis Colomb jusqu'à nos jours pour obtenir une voie interocéanique rationnelle et peu périlleuse.

III

Le Secret du passage! ce mot, emprunté à un mémoire que Fernand Cortez adressait à la cour de Madrid, en 1528, dix ans après la prise de Mexico, pourrait fournir le titre d'un volume rappelant les efforts de tant d'hommes éminents, qui ont cherché depuis trois siècles le véritable passage entre les deux océans ; efforts dignes d'intérêt, mais dont le récit inspirerait une tristesse profonde.

Que de tentatives depuis Colomb, Cortez, Balbao! Que de routes accessibles aux lourds chariots, ou seulement aux mules et aux piétons! Que de lignes de navigation projetées à travers les fleuves et les lacs! que de chemins de fer jalonnés au milieu des défilés sans fin de la Cordillière! Si notre cadre nous le permettait, nous raconterions bien des dévouements, poussés souvent jusqu'au martyre par tous ceux qui, depuis les Espagnols venus à la suite de Colomb jusqu'aux hommes de notre époque, diplomates, membres du corps consulaire, ingénieurs, négociants, ont cherché la réalisation logique et définitive du grand problème posé par le seizième siècle!

La première voie interocéanique fut le modeste sentier tracé, à travers les herbages et les rochers de l'isthme de Panama, par Balbao et vingt-cinq de ses compagnons. Les premiers parmi les hommes civilisés, ils purent contempler l'aspect magnifique du grand océan.

Mais, hélas! cet humble chemin, suivi pendant quelques années, caché aujourd'hui par l'herbe des savanes, et dont nul ne saurait retrouver les vestiges, n'est pas sans quelque analogie avec la voie douloureuse que vénèrent les chrétiens; celui qui le parcourut le premier allait au martyre. Balbao, le vieux compagnon de Colomb, victime, au fond du centre Amérique, d'intrigues ourdies dans une sacristie d'Espagne, paya de sa tête le crime d'avoir déplu à Fonseca, archevêque de Séville et président du Conseil des Indes.

Depuis ce temps, les hommes d'élite qui ont cherché le passage définitif ont rêvé soit un détroit naturel, soit un canal, soit enfin, et ceci est apparu comme une espérance dans ces derniers temps, un chemin de fer, le plus court et le moins dispendieux au point de vue du transit.

Cortez fit fouiller dans tous les sens les contours sans fin des côtes du Centre Amérique; depuis le golfe du Mexique jusqu'aux Guyanes, le continent était hermétiquement fermé. Il fallait renoncer à l'espoir de trouver un détroit. On songea dès lors à la création d'un canal.

Dès l'année 1534, les colons établis au Nicaragua signalèrent au Conseil des Indes l'existence des beaux lacs qu'on rencontre dans cet État, envoyèrent un tracé à peu près exact du fleuve San Jaan, et demandèrent dès cette époque, l'exécution même du célèbre projet de jonction préconisé depuis par le prince Louis-Napoléon et par M. Félix Belly.

Malheureusement de semblables propositions devaient être repoussées sans discussion par la cour de Madrid. Elles étaient diamétralement contraires au terrible système colonial qu'elle venait d'inaugurer dans ses immenses possessions, et dont le poids devait, trois siècles durant, écraser l'Amérique.

Le nouveau monde était sa chose, son fief. Elle n'en voulait tirer que des montagnes d'or, que ses galions, chargés à pleins bords, apportaient à travers l'Atlantique, et qui lui servaient à solder des armées, à acheter des consciences, à porter le désordre dans toute l'Europe.

La jonction des deux océans était un projet humanitaire qui n'obtint pas du Conseil des Indes l'intérêt qu'il méritait. Cependant on chargea Cacerès de fonder Valladolid à mi-chemin des baies de Fonseca et de Puerto-Caballos, et d'établir entre ces deux points un sentier accessible seulement aux mules.

Le guerrier espagnol accomplit sa mission, et jalonna de son œil d'aigle la route qu'il appartient à M. Herran d'ouvrir au commerce universel, après douze ans d'essais et de travaux qui auraient rebuté une nature moins supérieure que la sienne.

Les années, les siècles, passèrent sans changement dans ce régime aussi brutal qu'insensé.

Un jour, le plus grand ministre d'Angleterre, Pitt, voulut reprendre le projet des colons de Nicaragua.

Une expédition anglaise débarqua sur les rives de San Juan. Les habitants hospitaliers du centre Amérique reçoivent, il est vrai, avec une bienveillance chevaleresque les hommes qui leur apportent le progrès, mais à la condition qu'ils ne le présentent pas sous la forme de vaisseaux de 120 canons ou de chaloupes montées de matelots armés jusqu'aux dents.

Jamais le pavillon britannique n'eut une réception pareille à celle qui lui fut faite par les gens du Nicaragua. Une tradition locale affirme qu'une femme qui fut l'aïeule du président Martinez se mit à la tête du soulèvement des indigènes. Quatre mille Anglais restèrent sur le champ de bataille. Cependant, au plus fort de la crise, une embarcation anglaise, appelée *Lord-Germain*, osa pourtant remonter jusqu'aux lacs et la cascade, près de Castille, à San Carlo, à travers le San Juan; il est vrai que le lieutenant qui la commandait s'appelait Nelson.

Un jour enfin, d'immenses imprécations retentirent contre l'Espagne de Lima à Mexico. On déchira son pavillon, on emprisonna ses vice-rois, on battit ses armées, et le mot de liberté, retentissant jusqu'au delà de l'Atlantique, annonça à la métropole la fin du despotisme.

En 1823, au sein même de l'assemblée constituante, réunie pour donner un gouvernement nouveau à l'Amérique centrale, un Nicaraguen, don Antonio Cerda, déclara qu'un passage entre les deux océans était une œuvre digne d'inaugurer le régime républicain, et réclama solennellement d'un État libre ce que le despotisme avait refusé durant trois longs siècles. Son discours fut couvert d'acclamations, et la coupure du Centre Amérique fut déclarée œuvre nationale.

En ce temps-là, *le Secret du passage* semblait être exclusivement au San Juan, malgré les déclarations de Humboldt, qui avait indiqué cinq points où le canal était possible, savoir : Darien, Choco, en Colombie, Tehuantepec, Nicaragua, Panama.

La république, à peine née à la liberté, au travail, n'avait pas les ressources nécessaires à l'accomplissement d'une œuvre aussi gigantesque et plutôt humanitaire que nationale. Elle appela à son secours les ingénieurs et les capitaux d'Europe. Le 18 septembre 1824, un projet de traité fut fait entre la maison Barclay et le gouvernement de l'Union pour remplir le vœu de l'assemblée constituante, qui fixait aux lacs le lieu de la coupure. La maison Barclay, après mûr examen, recula devant la difficulté.

Le nouveau gouvernement ne se tint pas pour battu, et au cours de l'année 1826 présenta son projet de percement à deux sociétés du Nord Amérique, savoir : au mois de février, à la compagnie Bourke et Lanos ; au mois de juin, à la maison Palmer et compagnie, de New-York. La première de ces sociétés recula devant un engagement définitif ; la seconde, présuma trop de ses forces et résilia plus tard son traité faute de capitaux.

Mais l'idée grandissait et faisait des adeptes en dehors même du territoire de l'Union. Le héros de l'indépendance Bolivar, après avoir pacifié l'Amérique du Sud, songea à tirer parti de son armée et à l'employer à des œuvres de paix.

Il envoya, en 1829, plusieurs ingénieurs à Chagres et à Panama, pour étudier la question du percement de l'ithsme, Loyd, ingénieur anglais, et le comte Falmack, ingénieur suédois, pour le tracé, et pour les observations barométriques, le docteur Herran.

L'œuvre fut déclarée impossible à cause du peu de débit de la rivière de Chagres. Néanmoins, l'idée de percer un canal, à cette époque où les voies ferrées étaient inconnues, continuait à enflammer les esprits à ce point qu'un souverain d'Europe s'empara du projet du président Bolivar.

Guillaume III, roi de Hollande, rêva le retour de la gloire maritime de son pays, et envoya à Panama le général Verveer, suivi de nombreux ingénieurs. Les études étaient faites, les capitaux prêts. On donnait le premier coup de pioche, quand arriva la révolution de 1830. La Belgique, par son soulèvement, démembra la monarchie, et Guillaume III, malgré ses généreuses résolutions, avait trop à faire chez lui pour rien fonder en Amérique.

On n'en continua pas moins à chercher *le Secret du passage* ; jamais les alchimistes du moyen âge, acharnés à la poursuite du grand œuvre, ne remuèrent autant d'idées que les Hispano-Américains entêtés dans leur projet de coupure.

Au mois de juin 1832, au mois d'octobre 1833, la chambre provinciale de Panama vote une adresse au congrès, demande la mise à exécution du décret de la constituante de 1823, déclare que c'est à Chagres que doit déboucher le canal, et s'engage à faire faire à ses frais de nouvelles études. Deux ans après, une concession était donnée à un français, le baron Thierry, connu par ses tentatives de colonisation à la Nouvelle-Zélande, où il fut nommé roi. Il ne fut pas plus heureux que ses prédécesseurs ; on eût dit qu'une sorte de fatalité s'attachait à l'entreprise.

Cependant le récit de ces généreux efforts avait traversé la mer du Mexique, et était arrivé au congrès de Washington, qui, prenant une glorieuse initiative, envoyait sur les lieux le colonel Biddle. Nouvelle fatalité ! Biddle, mandataire infidèle, traita en son nom avec le gouvernement de la Nouvelle-Grenade, et fonda une société qui ne tarda pas à crouler faute de capitaux. La maison A. Joly de Sablas Salomon et compagnie, de la Guadeloupe, reprit vainement son privilége, d'accord avec le congrès de Bogota. Elle ne fut pas plus heureuse.

Il est évident qu'il y avait dans tous ces insuccès une cause générale inhérente à l'affaire elle-même ; on le comprendra encore davantage en voyant échouer les efforts suprêmes, tentés cette fois par des Français, pour arriver à cette fabuleuse coupure du continent américain.

En 1846, le prince Louis-Napoléon, depuis Empereur des Français, publia une remarquable étude sur le Centre Amérique et la jonction possible des deux océans ; il adoptait le passage par le fleuve San Juan, les lacs de Nicaragua et de Managua, signalés jadis au gouvernement espagnol comme moyen de jonction par les premiers colons arrivés au Guatemala.

Un canal creusé de main d'homme devait partir de l'extrémité nord-ouest, du lac Managua, passer par la ville de Léon la plus peuplée de la république, et aboutir au Pacifique près de Realejo.

Cette publication, à raison de la situation personnelle de l'auteur, et du talent incontestable dont elle témoignait, fit grand bruit, et reporta les imaginations sur le problème toujours insoluble posé par Fernand Cortez. *La Revue Britannique* réimprima l'œuvre du prince, qui, bientôt appelé à de hautes destinées, signa, au mois d'avril 1849, avec le chargé d'affaires Castellon, de Nicaragua, un traité de concession du canal par San Juan et les lacs.

Les événements politiques, les soins à donner à l'administration de l'Empire, empêchèrent l'Empereur des Français de réaliser les rêves du prince Louis; mais un jeune homme plein d'audace, M. Félix Belly, aujourd'hui attaché à la rédaction de *la Presse*, reprit le projet développé dans la brochure de 1846, et parvint à conclure, le 1er mai 1858, une convention avec MM. Mora, président de Costa-Rica, et Martinez, président de Nicaragua. Le nouveau projet ne suivait pas servilement le précédent, les navires en quittant le San Juan marchaient toujours à l'ouest sans sortir du grand lac, et gagnaient le Pacifique à la baie de Salinas, par un canal taillé à vif dans la montagne.

M. Belly revint en Europe avec son traité et un avant-projet dû à un ingénieur remarquable M. Thomé de Gamond, qui, depuis a fait des travaux pour établir la possibilité d'un tunnel sous-marin de Douvres à Calais. Mais les capitaux européens, solennellement conviés à la grande entreprise, se montrèrent réfractaires, et ce suprême effort en faveur de la canalisation avorta et montra le côté défectueux de l'idée principale. On connut enfin la cause de tant d'échecs successifs.

Humboldt, en indiquant divers points où la coupure était possible, avait raison scientifiquement parlant, mais, absorbé dans ses glorieux travaux, il ne pouvait songer à la question financière ; il manquait d'éléments pour établir une proportion entre le prix de revient et le revenu probable du canal. C'est ce que firent en 1858 les capitalistes de Londres et de Paris.

La dépense nécessitée par le percement était effrayante; non-seulement le cours du San Juan présentait plusieurs chutes, sortes de reproductions sur une moindre échelle de celle du N'agara, mais, en outre, les bords du lac dominaient le niveau des eaux de cent soixante pieds; mais il fallait aussi creuser dans la Cordillière, à même le rocher, et pendant plusieurs lieues des tranchées de cent cinquante pieds de profondeur. Les actionnaires de la société auraient contribué à l'édification d'une œuvre d'art splendide, mais attendu longtemps des dividendes.

Tous les points géographiques indiqués par Humboldt présentaient le même caractère de possibilité scientifique, d'impossibilité financière. Alors on songea que la création d'une voie ferrée pourrait bien être la solution du problème; les Américains accoururent, et se livrèrent à des études approfondies sur cette question. Seulement, leur âpreté au gain, leur impatience de jouir, les poussèrent, pour aboutir promptement, à construire un chemin de fer au point le plus défavorable, quoique le plus étroit de l'isthme américain.

Avec un peu de calme, moins de mercantilisme, ils eussent reconnu qu'ils imposaient à la navigation une route inutile de près de deux mille kilomètres, et que la véritable voie interocéanique; *le secret du passage*, pour parler comme Cortez, était entre Puerto-Caballos et la Union, sur les territoires du Honduras et du Salvador.

C'est ce que nous allons établir dans le chapitre suivant.

IV

Nous allons esquisser d'une façon détaillée, et d'après les renseignements que nous avons pris nous-même sur les lieux, dans les vallées de l'Humaya et sur les plateaux de la Cordillière, ou dans les archives de la légation du Salvador, la grande question du chemin de fer qui doit réunir par la voie la plus logique et la seule vraie les deux Océans (1).

Puerto-Caballos, la tête de ligne sur l'Atlantique, est situé à 15° 49′ de latitude nord et à 87° 57′ de longitude ouest du méridien de Greenwich; la profondeur moyenne de la mer y est de 9^{m} 145. La distance de ce point au grand Océan, par la vallée du Goascaran est de 334^{k} 922.

La situation du port, auquel le chemin aboutira par son extrémité nord, est admirable. Il y a autour du petit Pueblo actuel de Puerto-Caballos un espace suffisant et tout préparé pour construire une grande ville; nul marécage sur la côte, mais seulement des lagunes qui ne sont

(1) Voir *Une Voie nouvelle à travers l'Amérique centrale*, Librairie Centrale, 1866, par M. de Suckau, qui a repris avec bonheur le sujet que nous avions traité l'année dernière.

pas sans analogie avec celles de Venise, et qui, très-poissonneuses, contribueraient heureusement à alimenter une nombreuse population.

Les vents soufflent habituellement du nord-est et du nord-ouest ; ceux de l'ouest et du sud-ouest sont inconnus ; ils seraient d'ailleurs arrêtés par de hautes montagnes.

Aucun abri n'est plus complet que celui du port, qui mérite plutôt le nom de baie, car il a un circuit de 16k 668. En s'avançant vers le nord, on trouve une profondeur extrême de 21m 948, qui permettrait d'établir des docks où les navires du plus fort tonnage aborderaient mieux qu'à New-York ; enfin, à peu de distance du port, dont elle est séparée par un isthme étroit de 40 mètres, se trouve une lagune d'eau salée de 3k 658 de longueur sur 2k 2862 de largeur ; il serait facile de la joindre au port principal par un canal peu coûteux, à travers un terrain ferme, propre à un travail durable et définitif.

Le tracé du chemin de fer, en quittant Puerto, fait un circuit de cinq kilomètres environ pour éviter les monts Omoa, qui font partie du système des plateaux du Honduras, et projettent jusque dans la mer des contreforts qui forment de hautes falaises. On débouche ensuite dans la plaine de Sula, qui, légèrement inclinée à l'est, c'est-à-dire du côté de la mer, présente à l'ouest un lit de sable et de gravier parfaitement propre à l'établissement de la voie. C'est un contraste complet avec les marais sur lesquels est suspendu le chemin de Panama.

On traverse bientôt le Chamelicon, où l'on rencontre l'ancienne route de Santiago à la mer, route depuis longtemps abandonnée, couverte de broussailles, mais établie en pente douce et sur la chaussée de laquelle on peut établir les rails du nouveau chemin après quelques travaux préliminaires.

Santiago est le centre de la navigation de l'Ulua. Les bâtiments à vapeur d'un tirant d'eau de 2m 135 y arrivent en tout temps. Aux mois de juin et juillet ils vont beaucoup plus loin et remontent jusqu'à l'Humaya, 80 kilomètres de la mer.

La vallée qu'arrose cette dernière rivière absorbe bientôt le tracé du chemin de fer ; elle est étroite, mais directe, environnée de collines dont la hauteur varie de 15 à 150 mètres, et qui finissent par des plateaux à l'abri des inondations. Ici les ingénieurs hésitent entre les deux rives du fleuve, et doivent, sur l'une comme sur l'autre, opérer par tranchées et par remblais.

Ces parages sont heureusement le point du Honduras qui possède les plus grandes richesses forestières. Les collines sont couvertes de pins et de chênes ; les herbages des vallées sont bordés d'acajou, de cèdres, de caoutchouc, de guanacaste.

Là, le tracé laisse à droite la riche vallée du Sulaco, qui permettra plus tard de diriger un embranchement vers le département de Olancho, et d'augmenter ainsi le transit sur le chemin et la prospérité de cette partie du Honduras.

De là, on se dirige vers Ojos de Agua, à 100k 595 de Puerto-Caballos, à 70m 698 au-dessus du niveau de la mer. Nous avons remonté une pente de 5m 185 par mille (le mille est d'environ 1,800 mètres).

En quittant Ojos de Agua nous entrons dans la plaine d'Espino, qui est d'une remarquable fertilité, et présente une longueur de 21 kilomètres sur une largeur de 14. Il paraît qu'autrefois la navigation fluviale unissait Puerto à Espino, qui servait d'entrepôt de marchandises à Comayagua.

Cette dernière ville, capitale de l'État, est située à peu de distance, à mi-chemin des deux mers, dans une plaine longue de 60 kilomètres, large de 27, et dont l'axe est le même que celui du chemin de fer. Des montagnes de quinze à dix-huit cents pieds de haut, dont les pentes sont couvertes de pins séculaires, adoucissent la température, permettent sur leur pente la culture des pays tempérés, et entourent d'une immense ceinture la plaine qui est adonnée aux cultures tropicales.

La fondation de Comayagua, dont nous avons précédemment parlé, est une preuve de la préoccupation constante des Espagnols d'établir des passages entre les deux mers. Il semble qu'une sorte d'intuition leur ait fait pressentir que la solution du grand problème se trouvait en cet endroit. Voici ce que nous lisons dans l'histoire de Guatemala, par Juarros : « On voulait, au moyen de Vallalolid (depuis Comayagua), *établir une communication facile entre l'Atlantique et le Pacifique*. Sa situation à mi-chemin entre Puerto-Caballos et la baie de Fonseca l'eût rendu un lieu d'entrepôt intermédiaire convenable ; la fertilité du sol et la salubrité du climat eussent prévenu les maladies et la mortalité de la population, et l'on eût évité une partie des fatigues et des privations subies habituellement pendant les voyages de Nombre de Dios (Chagres) à Panama.

Nous avons parlé plus haut de l'importance de Comayagua. Cette ville est mal marquée sur toutes les cartes ; on l'indique trop loin à l'est et au sud. Voici sa position exacte : 14° 28m lat. N.; 87° 39' long. O.

On ne trouve aucune difficulté sérieuse à la construction du chemin à travers la plaine. Les cours d'eau sont d'une médiocre largeur, et de belles carrières de marbre bleu permettront de jeter facilement au milieu des campagnes des ponts qui feront l'envie des plus opulentes cités.

Mais nous arrivons au point de partage, et c'est ici qu'il faut admirer la Providence, qui, en environnant ces travaux de difficultés considérables, a du moins voulu les rendre possibles. Chacun connaît la légende de Roland qui, saisissant à deux mains la Durandal, sa pesante épée, fendit d'un seul coup le granit des Pyrénées de la base au sommet, ouvrant ainsi une profonde vallée qu'on ne traverse pas sans terreur. La grande chaîne des monts américains, qui s'étend d'une façon continue de Behring à la Terre de Feu, presque d'un pôle à l'autre, est brusquement rompue au delà de Comayagua, comme si un autre Roland avait laissé tomber sur elle sa formidable épée, ou comme si un nouvel Alexandre avait tranché là le nœud gordien de la question des passages.

Le point de partage est situé entre Tembla et Rancho-Grande, au milieu d'une savane. La roche est friable, non humide, saine, verticale; la pente ne dépasse pas 19m835 par chaque longueur de 1 kilomètre 829 mètres. A partir de Rancho-Grande, le chemin de fer glisse sur le versant, dont les eaux vont au Pacifique. La difficulté principale est désormais surmontée.

La vallée du Goascoran, qu'il faut suivre dorénavant jusqu'à la baie de Fonseca, est d'une grande uniformité; il n'y aura là ni tunnels ni excavations; la pente cependant est moins douce que sur le versant nord. Le sol est composé de calcaire, de grès blanc, de sable mélangé de lave et de pierres volcaniques. Les ruisseaux sont pleins de galets, de grès, et le sous-sol est formé d'un lit inépuisable de pierres bleues calcaires. A ces matériaux se joignent la chaux et la terre à brique, qui sont partout en abondance.

A Ramenica commencent à paraître les pins jaunes et des chênes qui atteignent des proportions énormes. La vallée de Goascoran ne contient d'autre cours d'eau remarquable que le fleuve lui-même ; les affluents arrivent rarement à une largeur de 10 mètres, descendent rapidement les montagnes et sont éminemment propres à l'établissement de scieries mécaniques. On trouve, du reste, en arrivant au Pacifique, à Amapala, dans l'île du Tigre, plusieurs scieries à vapeur américaines qui fourniraient immédiatement, s'il le fallait, les traverses et les membrures nécessaires à la voie.

Nous dirons dans le chapitre suivant quelle sera la tête de ligne du chemin sur le grand Océan, et nous verrons que la nature a été là aussi prodigue de ses dons qu'à Puerto-Caballos, et au point de partage.

Quand on parle d'une ligne ferrée à travers la Cordillière, l'imagination se reporte immédiatement sur la question des pentes ; on croit voir là d'insurmontables difficultés ; c'est le contraire qui est vrai. Nous allons l'établir par des points de comparaison avec les grandes voies américaines.

PENTES DE LA LIGNE DE HONDURAS.

Sections.	Longueurs.	Pente maximum pour 1k852.
1re	55k560	5m175
2e	74k080	7m685
3e	27k780	16m50

Cette dernière pente dans un seul endroit seulement.

De là jusqu'au Pacifique la pente maxima est de 13m725.

Le total des montées et des descentes est de 1,303m soit 8m 730 pour une longueur de 1 kil. 852.

Nous allons établir maintenant les pentes maxima des principales lignes américaines. Les calculs s'appliqueront à chaque mille géographique c'est-à-dire à une longueur de 1 kil. 872.

Baltimore à Ohio.	35m 37.
» à Susquehanna.	27 45.
Boston à Albany.	27 145.
New-York à Erié	18 3.
Teluhantepec (projeté)	19 55.
Panama (pente sur le pacifique).	18 3.
Honduras.	16 50.

Notons en passant que la pente maxima du chemin de Honduras n'existe qu'à un seul point au moment où l'on passe du versant nord au versant sud.

Il est aussi important de parler de la main-d'œuvre, car, quelle que soit la situation favorable d'une contrée au point de vue des matériaux qu'elle peut fournir, il faut avant toute chose considérer le prix de revient de la journée de travail. Nous n'hésitons pas à dire que les travailleurs abondent sur tout le tracé. Cependant l'emploi d'ouvriers des pays extratropicaux est possible partout, excepté auprès de Puerto-Caballos, dans une zone étroite de terre chaude.

Elle se trouve heureusement à portée de nombreuses stations de coupeurs d'acajou, gens qui manient bien la hache, déblaient le sol, jettent admirablement un pont sur un torrent. Ils composent une agglomération qui n'a pas son équivalent sur aucun point des pays chauds.

Chacun de ces hommes reçoit une paye de 80 francs par mois, et en outre des rations de farine et de porc. Des bananes pourraient remplacer facilement la farine ; quant au logement des travailleurs, il est facile à construire, grâce au climat; le bois qu'on coupe sur place, et des feuilles de palmier permettent d'élever une hutte en quelques heures. Sur la pente du Sud on aura des Indiens à raison de 1 franc 25 centimes par jour.

Quant aux ressources qu'on peut trouver sur la ligne, elles sont sans limites. Les deux grandes vallées que le chemin suivra dans toute sa longueur fournissent toutes les productions du Centre Amérique, telles que café, cochenille, coton, cacao, sucre, riz, tabac, indigo, maïs, etc. Les montagnes contiennent de l'or, de l'argent, du cuivre, du plomb; les ruisseaux roulent du sable aurifère sur toutes les pentes.

Mais ces facilités d'exécution, ces richesses locales, ne seraient rien si le chemin à construire devait subir la concurrence de celui de Panama, s'il n'était la voie interocéanique la plus courte, s'il ne devait absorber la totalité du transit entre l'Atlantique et le Pacifique.

Il suffit de jeter un coup d'œil sur la carte du monde pour voir : que le fret qui passe d'un océan dans l'autre, vient du nord vers l'Amérique centrale, ou s'en éloigne par la même voie.

Qu'un navire parte de New-York ou de Saint-Nazaire, avec marchandises à destination de San-Francisco, par exemple, il passera entre les Antilles et sera bientôt à la hauteur de Puerto-Caballos. Aucune voie n'existant en cet endroit, il descendra 7 degrés plus bas pour laisser son fret à Colon-Aspinwall, tête du chemin de Panama. De Panama, les colis remonteront vers le nord, passeront en vue de la Union, tête méridionale du chemin futur de Honduras, avec une nouvelle perte de six jours.

Les marchandises auront ainsi fait le tour du Centre Amérique, au lieu de l'avoir traversé au premier endroit où il leur barrait la route maritime.

Nous appuierons ce fait tout géographique, hors de conteste, par des chiffres que nous empruntons au capitaine Maury, la plus grande autorité des deux mondes en pareille matière.

DISTANCES DE NEW-YORK A SAN-FRANCISCO.

Route maritime.

Par Panama	9,630	kilomètres.
Par le Nicaragua	8,704	—
Par le Honduras	7,778	—
Par Tehuantepec	7,778	—

Route de terre.

Par Panama	100k 008
Par Nicaragua	344 472
Par Honduras	296 320
Par Tehuantepec	312 988

Totaux.

Par Panama	9,730k 008
Par Nicaragua	9,048 472
Par Honduras	8,074 320
Par Tehuantepec	8,091 988

Si nous écartons de la comparaison à établir la route de Tehuantepec, impossible à percer à travers les montagnes rocheuses, et sans ports sur aucune mer, nous voyons par ces chiffres qu'il existe entre la voie de Panama et celle du Honduras une différence de plus de 1,700 kilomètres. Il est donc inutile de discuter plus longtemps pour établir : que Puerto-Caballos et la Union remplaceront bientôt Chagres et Panama, et que la voie ferrée actuelle ne sera plus guère qu'une distraction à l'usage des touristes.

M. le commandant Bedfort, dans un ouvrage publié à Londres en 1863, calcule ainsi qu'il suit les recettes annuelles probables de la ligne ferrée du Honduras :

50,000 passagers, à 17 dollars	850,000	dollars.
80,000,000 de dollars, à 1/4 p. 100	200,000	»
Malles anglaises et américaines	150,000	»
10,640 tonnes de marchandises à grande vitesse (à 25 dollars par tonne)	266,000	»
100,000 tonnes de marchandises à la vitesse ordinaire (à 22 dollars par tonne)	2,200,000	»
Commerce de l'Amérique centrale (soit 2 p. 100 sur 6,000,000 de dollars)	120,000	»
Passage et trafic local	50,000	»
Total	3,836,000	dollars.

A déduire : Frais d'exploitation............	600,000	»
Annuité au gouvernement de Honduras.....................	50,000	»
Total net............	3,186,000	dollars.

Certes, ces évaluations ne sont pas exagérées. Il suffit, pour s'en convaincre, de se rappeler l'importance du trafic qui se fait à travers l'isthme de Panama, et, partant, l'importance des bénéfices que les États-Unis tirent du chemin de fer qu'ils y ont établi.

Nous extrayons d'un article de l'*Evening Standard*, rapporté par *le Moniteur*, les détails suivants :

« Le montant des valeurs que la Grande-Bretagne a tirées par cette » voie, pendant l'année 1864, de la Colombie britannique, de la Cali- » fornie et de la côte occidentale mexicaine, ne s'est pas élevé à moins » de 9,143,676 livres sterling, ou 228,591,900 francs. Durant la même » période, 99 bâtiments anglais, jaugeant ensemble 71,049 tonneaux, » ont abordé à Panama, sur la côte occidentale, et y ont payé les droits. » Sur la côte orientale, il a abordé 239 navires jaugeant 248,811 ton- » neaux, et qui ont payé les droits à Colon (Aspinwall).

» La Grande-Bretagne a un service régulier de 4 steamers partant » pour Colon : deux de Southampton et deux de Liverpool ; mais ce » n'est qu'un faible échantillon du trafic des Anglais par Panama. Au » total, 355 bâtiments ont abordé et payé les droits à Panama, et 556 » ont abordé et payé les droits à Colon pendant l'année dernière. Le » tonnage total dans les deux ports a été de 852,202 tonneaux. Le com- » merce de transit consiste en objets manufacturés d'Europe et des » États-Unis, en métaux précieux de Californie, de Colombie britan- » nique, etc., etc. Le chiffre total du transit s'est élevé, pour 1864, à » 19,954,000 livres sterling, ou 498,850,000 francs, et le commerce » dans l'isthme même à 20,400,000 livres sterling, ou 510,500,000 » francs.

» Ce sont là de beaux résultats ; mais combien ils seraient plus re- » marquables encore si le chemin de fer, au lieu d'être placé à l'endroit » le plus étroit, mais le plus insalubre de l'isthme, avait été établi dans

» une région plus saine, et surtout si les deux extrémités de la ligne » avaient abouti, dans l'un et l'autre océan, à d'excellents ports, rendant faciles l'embarquement, le débarquement, l'entrepôt des marchandises ! Nul doute que si l'on eût mieux choisi l'emplacement, on » eût assuré à l'entreprise des bénéfices bien plus considérables par les » facilités données au commerce. »

Ces derniers mots de l'*Evening Standard* ne sont-ils pas la désignation nette et claire de la ligne dont nous avons indiqué le tracé à travers le Honduras ? La salubrité du climat ! Elle règne sur tout le parcours du chemin de Puerto-Caballos à la baie de Fonseca. D'excellents ports ! Où en trouvera-t-on de meilleurs, de plus sûrs, de plus vastes, de plus profonds ? M. le colonel Stanton, du génie royal, dont l'expérience en pareille matière fait autorité, a déclaré que les ports d'embarquement et de débarquement du chemin à établir étaient *exceptionnels* par les conditions de sécurité et de capacité qu'ils offraient. D'ailleurs, la réputation de la baie de Fonseca n'est-elle pas depuis longtemps établie, puisqu'on l'a nommée « l'Étoile des ports ? »

Nous ajouterions aux renseignements qui précèdent des chiffres nombreux sur le prix de revient du futur chemin de fer, par section ou par kilomètre seulement; mais nous ferons observer que depuis quelque temps on a, sur l'un et l'autre versant, percé des voies nouvelles, créé des usines, facilité les arrivages, en améliorant les ports; quintuplé le nombre des ouvriers, par une immigration constante; de sorte que, le prix de revient de toutes choses a été amélioré, bouleversé comme dans les pays qui progressent violemment. Les chiffres que nous avons recueillis seront excessifs en comparaison de ceux que l'on peut obtenir aujourd'hui.

Nous ne donnerons pas cette partie de notre travail, malgré les dérangements, les voyages, les calculs qu'elle nous a coûtés. Nous attendrons la publication prochaine de l'avant-projet préparé par les ingénieurs de la compagnie.

Nous ne croyons pas que jamais entreprise plus féconde en résultats ait été essayée. L'honneur de l'initiative en reviendra à M. Victor Herran, ministre du Honduras, à Paris.

Nous avons dit qu'il avait fait de la construction de ce chemin une des conditions de la signature du traité qui a terminé l'affaire de Belize. Les études actuelles ont été entreprises sous le patronage puissant de lord Clarendon, ministre des affaires étrangères de Sa Majesté britannique ; les ingénieurs sont de retour ; une puissante société internationale a dressé ses statuts, formé son capital, et nous ne sommes plus éloignés de l'ouverture des travaux que par quelques difficultés diplomatiques. Les vaincre ne sera qu'un jeu d'enfant, pour l'habile diplomate qui a préparé et signé le traité du 27 août 1856.

Ce sera certes une grande date dans l'histoire des nations que le jour où le premier convoi, quittant Puerto-Caballos, entraînera les envoyés de tous les pays vers l'océan Pacifique, à travers la chaîne, enfin brisée, des monts américains.

Jamais le sifflet des locomotives n'aura retenti au milieu de merveilles aussi splendides que celles des vallées tropicales de l'Humaya et du Goascoran. Jamais les rails n'auront encore été soudés à des traverses d'acajou ou de bois de rose sur les ponts de marbre bleu des Cordillières. Nous serons heureux ce jour-là de la faible part que nous aurons pu prendre à cette œuvre, et nous féliciterons M. Victor Herran qui aura réalisé enfin le rêve de Christophe Colomb : le *véritable* passage entre les deux océans ! La neutralité complète du chemin de fer du Honduras a été solennellement garantie par des traités entre le Honduras, la France, l'Angleterre et les États-Unis.

Le chapitre suivant est consacré à la baie de Fonseca, qui sera le *terminus* de la ligne ferrée sur le Pacifique. Nous serions heureux d'appeler l'attention du monde maritime sur ce point du globe, qui offre des ressources inépuisables et un abri où l'on peut réparer avec sécurité les navires, qui peuvent, en outre, s'y approvisionner avec abondance.

V

Nous avons indiqué, dans des ouvrages antérieurs, l'importance géographique de l'Amérique centrale, le rôle singulier que la grande chaîne des monts américains joue dans la contexture du nouveau monde.

Elle le divise en deux parties inégales, l'une étroite, volcanique, resserrée entre les monts et l'océan Pacifique, dont les côtes forment une ligne presque droite; l'autre, immense, découpée par des golfes profonds, sillonnée par des fleuves gigantesques, de sorte que la chaîne de montagnes et l'étroite zone de terre qui la borde, à l'ouest, ressemblent à la hampe d'un drapeau dont la flamme flotterait au vent. Par suite de cette constitution géologique, les côtes orientales du Pacifique, c'est-à-dire un rivage de près de trois mille lieues d'étendue, contiennent peu d'accidents de terrain et le navigateur, qu'il aille au Chili ou en Californie, cherche pendant de longs jours une baie propice où il puisse faire de l'eau, ou bien échapper à la violence de la tempête.

Trois lieux de refuge assuré existent seuls sur cette rive d'une mer qui couvre la moitié du globe : la baie de Valparaiso, la rade de San

Francisco, qui est le but de presque tous les voyages accomplis vers le nord ; la baie de Foncesca, dite l'étoile des ports.

Les marins qui viennent de Californie et se sont tenus en pleine mer, loin de ces côtes inhospitalières, ceux qui arrivent de la Chine et du Japon après avoir franchi plusieurs mille lieues, sont avertis de l'approche du golfe si longtemps désiré par les flammes de l'Isalco, ce volcan qui sert de phare aux rives du Salvador.

Bientôt se présente aux yeux un paysage qui n'a rien à envier à celui de la baie de Naples, tant vantée des amoureux et des poëtes. Deux volcans qui dépassent le Vésuve en grandeur et en majesté, le Conchagua et le Conseguina, commandent l'entrée du golfe comme deux tours, et les eaux claires et vives, sur lesquelles on navigue après avoir franchi la passe, rappellent le Léman, dont on croit apercevoir dans le lointain les bords verdoyants et enchantés.

Le golfe de Fonseca est, pour ainsi dire, enclos dans la grande vallée longitudinale située entre la chaîne des montagnes volcaniques qui suivent les bords du Pacifique et la longue muraille de la Cordillière qui s'étend depuis Guatemala jusqu'à Costa-Rica.

Dans l'État du Salvador cette vallée est arrosée par le beau fleuve Lempa, qui coule d'abord du nord au sud, et, par un brusque retour d'équerre vers le couchant, se jette dans la mer après avoir rompu la chaîne de montagnes. La même vallée s'étend sur le territoire du Nicaragua, où elle forme le bassin du Rio-San-Juan, qui traverse la Cordillière et aboutit à l'Atlantique. Cet immense ravin a été bouleversé, sur la limite du Salvador et du Nicaraguà, par une éruption volcanique qui, brisant en plusieurs tronçons la chaîne granitique qui reliait les volcans de Conchagua et Conseguina, a laissé passer la mer par quatre ouvertures.

Les eaux, se répandant après la rupture de la digue qui les contenait, ont comblé le fond de la vallée et formé le golfe Fonseca ou de Conchagua, assemblage de ports sûrs et profonds, d'îles pittoresques, qui n'a pas moins de $91^{k}450$ de long sur $54^{k}870$ de large. La passe est commandée par les deux îles de Conchaguita et Manguera et par une série de grandes roches connues sous le nom de Faroles. Ces barrières naturelles, contre lesquelles vient se briser la haute mer, endiguent admirablement le golfe et laissent entre elles quatre ouvertures accessibles aux navires du plus fort tonnage.

Le climat des îles et des abords du golfe est d'une excessive salubrité. La zone des terres chaudes a été engloutie au milieu des bouleversements volcaniques qui ont donné passage à l'Océan; une bonne ventilation, l'élévation des rivages, l'absence de terrains marécageux, font disparaître toute trace des épidémies qui désolent si souvent les rives de l'Atlantique.

Les ressources que les populations demandent toujours à la mer sont illimitées sur ces rivages. Les tortues, les homards, les poissons de toute espèce abondent sur tous les points. Les bancs d'huîtres qu'on trouve spécialement aux abords de la Union sont faciles à draguer; on rencontre aussi, en notable quantité, l'huître perlière et l'huître qui fournit l'écaille du commerce; son exploitation facile donnerait en peu de temps de grands bénéfices. Nous parlerons en passant, et seulement comme souvenir de nos voyages, des chasses agréables auxquelles on se livre sur les rives de la baie.

Les oiseaux aquatiques, tels que grues, pélicans, ibis, canards, sarcelles, partent à chaque instant sous les pas du chasseur.

Les terrains environnants sont propres aux cultures de la zone tempérée; on y récolte le blé, le maïs et en général toutes les plantes importées d'Europe. Les rives du Cholutecca, du Nacaome et du Goascoran se prêtent plus spécialement aux cultures tropicales

Quant aux bois de construction, on les trouve en notable quantité, et ils sont d'un échantillon aussi remarquable que ceux qu'on exploite aux États-Unis.

Enfin, nous terminerons la liste de ces abondantes ressources en mentionnant des gisements de houille reconnus sur les bords du Rio-Goascoran, presque à la surface du sol, et dont l'extraction apporterait à la marine, dans ces pays lointains, un secours inespéré.

Au moment où l'union fut rompue pour faire place à cinq États différents, il fallut partager l'immense territoire de l'ancienne capitainerie de Guatemala. La baie de Fonseca, ou, comme l'appellent les marins, l'Étoile des ports, fut un bijou longtemps disputé. On convint cependant que le beau refuge du Pacifique serait divisé entre le Honduras, le Salvador et le Nicanagera. La plus belle part échut au Honduras, mais le Salvador conserva les îles de Conchagua et de Manguera, qui commandent les passes et des rives desquelles, avec quelques bonnes pièces rayées, il foudroierait les navires de guerre comme du haut d'un nouveau Gibraltar. Il conserva encore la Union, ville pleine d'avenir, et qui possédera plus tard un des embranchements de la voie ferrée interocéanique.

Il y a quelques mois à peine, don Francisco Duënas, président de la république du Salvador, formait sur les bords de la baie un nouveau département, dont le chef-lieu est la Union.

Le Honduras eut l'île du Tigre, où il a créé un port, devenu le plus important de tous ceux qu'il possède sur le Pacifique, grâce à l'intelligente initiative d'un Italien, M. Dardano.

L'île du Tigre constitue un port franc dont la population et le commerce augmentent rapidement.

Enfin, le Nicaragua eut aussi sa part dans le partage : on lui donna l'Estero-Réal, bon port, mais sans importance pour cet État, dont le mouvement commercial sur le grand Océan a lieu à Corintho.

Pendant que les riverains cherchent à développer les richesses dont la nature a doté la baie célèbre que nous décrivons, il semble qu'elle est inconnue à l'Europe, et pourtant toutes les marines du monde pourraient se réunir dans cet immense bassin et y demeurer aussi complétement à l'abri que dans la rade de Cherbourg. Comme tous les hommes qui ont visité ce refuge admirable, nous ne pouvons nous expliquer le peu d'importance que lui accordent les marines militaires de l'Europe. Il serait si facile d'y établir un grand dépôt où nos flottes trouveraient en tout temps un abri sûr, des approvisionnements abondants, des bois pour le radoub, et, chose bien précieuse dans ces parages lointains, de la houille que fournirait la vallée du Rio-Goascoran !

Panama n'est pas un port, mais une rade où souvent les navires sont ballottés par la tempête ; Corintho, Punta-Arénas, la Libertad, Sansonate, San-José, Mazatlan, Acapulco ne sont que des rades foraines, où par les vents du nord on trouve peu de sécurité. Les désastres de certains navires de la flotte française dans le Pacifique ne sont-ils pas une leçon suffisante? avons-nous donc oublié les avaries de nos frégates et l'échouage du transport le Rhin, qui n'a pu échapper à une destruction complète que par un miracle d'audace?

Mais nous nous occupons malgré nous, et sous l'influence d'idées patriotiques, de questions de guerre dans un livre destiné à préconiser une œuvre de paix.

Si nous consacrons un chapitre à ce golfe tant vanté par les géographes, ce n'est pas parce qu'on pourrait en faire un port militaire imprenable comme Gibraltar ou Cherbourg; ce n'est pas parce qu'il serait facile de couvrir de canons les rochers qui en commandent l'entrée, et de rendre témoins des péripéties sanglantes d'une guerre maritime ces beaux rivages, si bien faits pour abriter les travaux de la paix, l'activité et le repos des populations riveraines. Non! l'avenir réserve un rôle bien différent à la baie de Fonseca.

Offrir aux navires qui prendront les voyageurs des wagons du chemin de fer du Honduras un abri sûr et commode, donner les ressources matérielles les plus nécessaires à la construction d'une voie ferrée, être utile et indispensable au transit des deux mondes, voilà l'avenir qui est destiné à la baie de Fonseca, dont nous faisons ressortir les avantages si supérieurs aux rades foraines, ou aux ports peu sûrs et dangereux que des ingénieurs cherchent à lui préférer en créant des lignes ferrées heureusement imaginaires, au Nicaragua ou à Tetuhantepec.

Sa situation au centre du littoral du Pacifique, ses ports où aboutiront les têtes de ligne de la grande voie ferrée interocéanique, en feront, à une époque qui n'est pas éloignée, le centre du commerce d'une moitié du monde. C'est en prévision de l'immense mouvement d'échange qui doit forcément se développer là, sur une échelle inouïe, que nous avons donné les plans d'une entreprise nouvelle et sans précédent.

Il nous reste à exposer pour terminer ce livre. Quelles sont les ressources agricoles des États du Salvador et du Honduras, si directement intéressés l'un et l'autre à l'accomplissement rapide du chemin de fer que l'on peut baptiser déjà du nom de Victor Herran, son ardent promoteur ?

A cette voie interocéanique que tant d'intérêts politiques et commerciaux réclament devra se souder une artère, où la vapeur mettra en communication San-Miguel, le grand centre du trafic américain de l'indigo, avec la ligne mère du Honduras.

S. E. Le président Duenas a compris, comme ses prédécesseurs, que les voies de communications sûres et faciles étaient les seuls moyens d'encourager l'agriculture déjà si prospère de la république.

Par ses soins des routes sillonnent les points les plus importants du territoire ; deux ingénieurs sont à l'œuvre, et aujourd'hui les communications sont partout faciles et commodes.

Les soins spéciaux que l'administration actuelle donne au chemin qui conduit de San-Miguel à la Union sont la preuve la plus convaincante que, dès que l'intérêt public l'exigera, une concession de voie ferrée permettra aux riches produits du Sud de la république de se diriger rapidement sur l'Atlantique par le chemin du Honduras.

C'est chose de grande importance qu'un trafic semblable, alors que 15,000 surons d'indigo et 200,000 quintaux de café, qui doublent chaque année le cap Horn, ou traversent l'isthme de Panama, suivront sans concurrence la voie dont nous demandons l'établissement le plus prompt.

La Union, reliée à la tête de ligne sur le Pacifique, et soudée à San Miguel par un tronçon facile à construire, donne des éléments trop précieux pour le Salvador pour que l'administration actuelle, si jalouse du bien public, ne se hâte de doter son pays d'une source féconde de revenus.

Ici, il nous paraît indispensable d'insister, quoique rapidement, sur les productions agricoles et minérales des pays traversés par le futur chemin de fer.

VI

Le chemin de fer à travers le Honduras, avec embranchement sur la ville si importante de San-Miguel, doit nécessairement compter sur le fret transocéanique, mais surtout sur les riches produits des pays dont on va tripler la prospérité.

L'indigo du Salvador, environ 15,000 surons; les cafés de Santa-Tecla, Santa-Anna, Sousonate; les cotons de la Libertad de la Union, et les récoltes du Honduras augmenteront dans une proportion énorme le transit.

Personne n'ignore qu'au Salvador et au Honduras un pied de café coûte, jusqu'au moment où il produit sa récolte ordinaire, deux réaux, 1 franc 25 centimes environ.

Ce même pied donne annuellement, après quatre ans de plantation, de quatre à cinq livres de graine, et se vend une piastre par pied au cultivateur qui ne veut pas se donner la peine de créer des plantations.

On quadruple son capital, et on lui fait rapporter pendant 20 ou 25 ans, durée moyenne d'une plantation, 50 pour 100 par an du capital inverti.

Ce profit serait bien plus grand si le café était vendu directement par le producteur au consommateur européen.

Il en est de même pour le cacao. D'ailleurs, la nature du sol de la contrée et sa température spéciale, qui, suivant la situation topographique des plaines ou des vallées, est tantôt chaude comme il sied à la zone intertropicale, tantôt tempérée comme le midi de l'Europe, le rendent propre à l'une et à l'autre culture.

Le blé, le maïs, toutes les plantes potagères d'Europe croissent au Salvador et au Honduras sur les points un peu élevés, à côté des productions indigènes. Le prunier s'y trouve à l'état sauvage, ainsi que la vigne. Les figuiers, les pêchers, les cognassiers y sont cultivés dans les jardins comme aux environs de Paris.

Les animaux domestiques, ces auxiliaires indispensables de l'agriculture, sont pareils à ceux de l'Europe, d'où ils tirent leur origine. On y trouve le cheval, le mulet, l'âne, le bœuf, le mouton, la chèvre, le porc. Les pâturages étant beaux et nombreux dans les grandes vallées, comme celles du Lempa ou du San Miguel, ils s'y multiplient volontiers. Au Honduras, surtout le bétail se développe sur une immense échelle, et constitue un trafic d'exportation déjà très-important.

On a une paire de bœufs pour 100 ou 120 francs, un cheval pour le même prix. Disons en passant que les animaux sauvages du nouveau monde sont inférieurs de beaucoup en grandeur et en férocité à ceux de l'ancien continent, et qu'ils ne sont nullement à craindre au Centre Amérique.

Les plantes médicinales et précieuses sont nombreuses, bien que les habitants n'en aient pas encore tiré un grand parti. La salsepareille est abondante, la vanille croît sans culture dans les forêts de l'État, et pourra un jour faire l'objet d'une spéculation importante.

La canne à sucre est indigène et croît indifféremment dans le fond des vallées et sur le sommet des montagnes. Elle est moins grosse et plus tendre que la canne des Antilles et de la Louisiane ; elle contient, par suite, plus de jus, et donne un sucre plus fin et plus délicat.

Elle n'a besoin d'être replantée qu'après dix ou douze années de culture.

Malheureusement, les moyens de fabrication sont élémentaires et peu répandus.

Le riz vient partout où on le sème.

A Santa Técla, à 18 kilomètres du port de Libertad, on a créé depuis trois ans des plantations de café qui s'élèvent à plusieurs millions de pieds. Il existe dans la contrée plusieurs plantations de cette importance, et ce café est aussi bon et même meilleur que celui de Costa-Rica.

La culture du tabac est libre; le meilleur est celui des environs de Tapetitan et de Istepèque. Celui de Santa Rosa, dans le Honduras, est meilleur que celui de la Havane, où il est d'ailleurs exporté.

Sa qualité est excellente, et il serait facile d'en fournir au gouvernement français. Il se vend sur place 5 à 6 piastres les 50 kilogrammes à l'état de tabac vieux. Quand il est de l'année, il se vend beaucoup moins cher; on en trouve à Tripa de très-bon pour 2 piastres les 50 kilogrammes.

L'indigo est l'objet d'un immense commerce.

Il est indigène, et sa culture est d'une extrême simplicité. On brûle préalablement la superficie du sol comme le font souvent les Arabes d'Algérie; on laboure et on sème. La plante lève aux premières pluies; quatre mois après elle atteint une hauteur de 1 à 2 mètres et elle est bonne à faucher. Le regain est plus riche encore que la première coupe. Pour réduire la plante en indigo marchand, il faut préalablement la traiter dans les étangs comme le chanvre de nos contrées.

La presque-totalité de l'indigo exporté du centre Amérique est achetée aux foires de l'État du Salvador, qui ont lieu à Sensuntépeque, Chalatenango et San Miguel. Dans cette dernière ville, on peut acheter pour 15 millions d'indigo à la seule foire de décembre.

Le cacao du centre Amérique est célèbre, longtemps il a servi à l'usage exclusif de la couronne d'Espagne. Cette culture si importante était délaissée, mais les besoins européens la font reprendre sur une vaste échelle. La maison Menier possède un magnifique *cacaotal* au Nicaragua.

La compagnie française des chocolats et des thés, qui a d'immenses concessions dans l'Amérique centrale, va aussi faire des plantations au Honduras et au Salvador.

Le cacao de cette dernière République est bien meilleur que celui du

Nicaragua. Rapproché du célèbre district de Soconuzco, dont le cacao est sans rival; il est destiné à donner à la France des produits d'un arome et d'une finesse admirables. Le cacao de Soconuzco, si célèbre, se cultive sur une petite échelle au Salvador; il est connu des botanistes sous le nom de (*theobroma ovatifolia*).

Mais le coton est de tous les produits du sol celui qui promet le plus grand avenir.

Nous préparons un travail spécial sur cette question. Nous dirons seulement aujourd'hui que, si l'eau et le soleil sont indispensables à cette culture, dans aucun pays du monde ces deux conditions vitales de production n'alternent comme au Centre Amérique. Ici les gelées ne sont point à craindre comme en d'autres climats. La saison des pluies est marquée d'une façon invariable, et les émanations salines de l'Océan sont favorables à la variété du coton dit Sea Island, qui, cultivé au Salvador et au Honduras sur une large échelle, permettrait, non moins que le coton courte soie, de tripler l'exportation du pays.

Après ces produits viennent les bois de teinture, ceux pour ébénisterie et pour construction. Cette partie du centre Amérique n'a rien à envier sous le rapport de la richesse forestière aux républiques voisines, mais le mouvement de cette marchandise encombrante se fait sur les côtes de l'Atlantique. Pourtant, une grande compagnie américaine a établi dans la baie de Fonseca une usine avec machines à vapeur pour débiter les bois provenant des pays environnants.

Les bois de construction pour la marine sont d'une grande dureté et d'un usage précieux, ainsi qu'on en a fait l'expérience, il y a plusieurs années, à Cherbourg.

L'acajou du Honduras est estimé. Cet arbre y atteint les dimensions les plus colossales. Sa coupe, qui est pour l'état une source de grands revenus, tend à s'accroître; entreprise sur une vaste échelle, et surtout à portée de voies de communication, elle produira plusieurs centaines de millions, et sera pour cette république une source de profits plus difficiles à épuiser que le guano, qui enrichit le Pérou; le bois de campêche, le sang-de-dragon, le caoutchouc, toutes les essences précieuses sont en quantités énormes au Honduras.

D'ailleurs, outre le savant Humboldt et le ministre Squier, une plume autrement autorisée que la nôtre, s'exprime ainsi sur l'Amérique centrale :

REVUE BRITANNIQUE, 1849.

« De vastes étendues de territoire, avantageusement situées, jouissant d'un climat admirable et d'une merveilleuse fertilité, sont encore inhabitées et entièrement incultes. On y trouve aussi d'immenses forêts dont l'exploitation procurera d'immenses bénéfices à ceux qui voudront l'entreprendre.

» Telle est la richesse du sol, qu'on peut y faire chaque année trois récoltes de céréales, notamment de maïs, qui rend de cent à cinq cents pour un. Toutes les productions des climats chauds et tempérés y prospèrent; la température y est aussi variée que l'aspect du pays. Les côtes et terres basses qui avoisinent la mer sont exposées aux chaleurs tropicales, tandis que sur les plateaux et dans l'intérieur règne un printemps perpétuel.

» Les fruits comme tous les autres produits de la terre s'y succèdent sans interruption.

» Dans les plaines et les vallées, le sol est formé de matières alluviales jusqu'à une profondeur de cinq à six mètres; il est assez riche pour servir d'engrais aux terrains moins fertiles.

» *Signé* : LOUIS-NAPOLÉON BONAPARTE. »

Passons maintenant aux richesses minérales, qui, comme les précédentes, sont communes au Salvador et au Honduras.

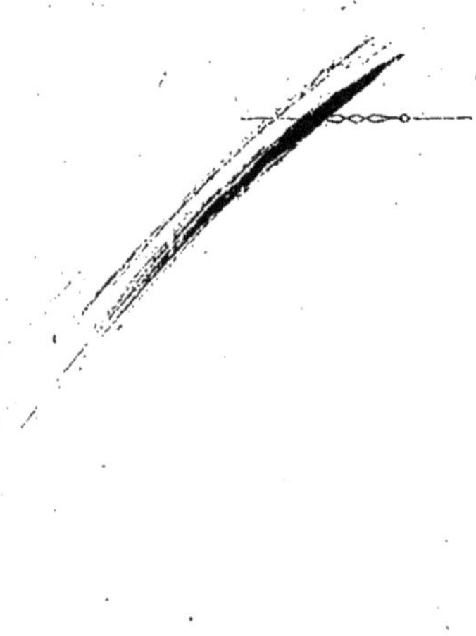

VII

La situation géographique de la belle contrée dont nous étudions les ressources indique au premier coup d'œil l'existence de richesses minérales d'une grande importance. Nous avons dit que la grande chaîne des monts américains traversait entièrement le Centre Amérique du nord au sud; elle établit entre le versant qui s'incline vers le Pacifique et celui qui s'incline vers l'Atlantique une barrière gigantesque, haute de plusieurs milliers de mètres, et projetant à droite et à gauche des contreforts puissants dont plusieurs viennent finir en pente douce jusqu'au bord des flots.

D'opulentes vallées s'étendent entre ces masses granitiques composées de volcans éteints ou sur le point de s'éteindre, et qui recèlent dans leurs flancs des richesses de toute nature à peu près inexplorées.

La chaux, le grès, la pierre de taille, existent là en quantités inépuisables, et fourniront toujours les matériaux nécessaires aux travaux d'art de toute nature, canaux, quais et chemins de fer.

Le charbon de pierre se rencontre au Salvador et au Honduras. Dans la plaine de Senseati, qui dépend de cette dernière république, on le trouve en filons d'une grande épaisseur, qui passent à quelques mètres à peine au-dessous de la surface du sol. On pourrait l'extraire sans aucun de ces travaux si coûteux et parfois si décourageants que nécessitent les houillères de l'ancien continent.

On rencontre encore dans la vallée des Cordillières des pierres précieuses, et notamment des opales. Celles du Honduras sont d'une grande pureté et fort estimées des joailliers européens. Malheureusement les Indiens qui se livrent à la recherche de ces cristaux charmants brisent les plus gros pour augmenter le nombre des objets qu'ils livrent au commerce. On leur fera difficilement comprendre qu'ils diminuent ainsi leur bénéfice d'un façon notable, et qu'une belle opale en vaut cent petites.

Le fer se trouve partout en grande abondance, et certains échantillons de minerai sont tellement expurgés de toute substance étrangère, qu'on peut les mettre directement à la forge et en fabriquer des instruments agricoles sans les faire passer par la fonderie.

Les mines de cuivre de Guanacaste, dans le Honduras, sont d'une grande importance; il en est de même des riches filons de ce métal qu'on rencontre dans les environs de la baie de Fonseca.

Le platine se trouve aussi dans le département de Gracias, qui fait partie du Honduras. Il en est de même du cinabre.

Les îles de Cuanaja et de Roatan fournissent du zinc en grande abondance.

Mais les productions minérales les plus remarquables du Centre Amérique sont certainement l'or et l'argent.

Les gisements les plus riches nous semblent ceux que renferment les plateaux du Honduras et le sol du département de San-Miguel, une des dépendances du Salvador. Les mines de Tabanco et de Los Encuentos, près San-Miguel, passent pour inépuisables.

Nous donnerons ici quelques renseignements sur la nature des différends minerais, renseignements que nous avons pris sur les lieux même.

L'argent du district de Yuscaran est mélangé presque toujours d'une grande quantité de platine. Chaque tonneau de minerai donne de 65 à 1,420 onces de métal pur.

Le métal de Yuscaran contient parfois du zinc et du fer à l'état natif ou converti : le zinc en sulfure, le fer en oxyde.

Les mines du coloal les plus remarquables du département de Gracias fournissent un argent mêlé de sulfure de cuivre et même de cuivre noir. Chaque tonneau produit 80 onces d'argent environ et cinquante pour cent de cuivre.

A San-Miguel l'argent est extrait le plus souvent sous forme de sulfure ; il est aussi mélangé de fer, de plomb et de sulfure de plomb. Quand on le rencontre à l'état natif, ce qui arrive assez fréquemment, il est accompagné de pierres vertes et de cristal de roche.

Quant aux mines d'or, elles sont aussi nombreuses que les mines d'argent, et ne contiennent pas moins de richesses.

En 1859 où 1860, on a tiré de celles de Juticalpa, depuis longtemps abandonnées, une quantité de métal d'une valeur de 700,000 francs.

A Olancho, on pratique le lavage avec succès ; le sable aurifère est tellement riche que des Indiens industrieux ont opéré à nouveau sur des graviers ayant subi déjà des manipulations, et en ont tiré des quantités notables de métal pur.

De tout temps ces richesses naturelles ont été exploitées avec plus ou moins d'activité et de bonheur.

Les Espagnols, après la conquête, ne tournèrent pas seulement leurs efforts vers les mines du Mexique et du Pérou, ils exploitèrent avec le plus grand succès celle du Centre Amérique. Les historiens qui ont étudié le développement de la colonisation du nouveau monde nous ont transmis de curieux détails sur la mine célèbre de *Corpus*, qui produisait une immense quantité d'argent. Le gouvernement de la métropole y avait établi les bureaux d'une trésorerie spéciale, qui percevait à son profit un cinquième sur tous les produits de cet établissement resté célèbre dans les deux Amériques.

Les vestiges de *Corpus* se voient encore ; ils sont situés sur le territoire de Honduras.

Le centre aurifère de Guayope, jadis si fécond, a subi le même sort que le *Corpus*. Des entrepreneurs venus d'Europe ont tenté pourtant de reprendre les travaux à la mine de Juticalpa, qui en fait partie.

Nous avons dit combien ce résultat avait été heureux.

Les recherches des Espagnols furent plutôt dictées par une véritable rapacité que conduites avec intelligence. Pour donner une idée des espérances dont les berçait la soif de l'or, nous transcrivons le récit suivant de Thomas Gage : « Il y eut un religieux de la Merci qui s'imagina avoir découvert dans le voisinage de Chiquimula un grand trésor, capable de l'enrichir, lui et tous ceux du pays, s'étant persuadé que le métal qui brûlait dans le volcan était de l'or. Il fit faire un grand chaudron et l'attacha à une chaîne de fer, afin de le descendre au bas de l'ouverture de la montagne, pensant qu'il le retirerait plein de cet or en fusion, avec lequel il achèterait un évêché et enrichirait sa famille ; mais la force du feu fut si grande qu'il n'eut pas sitôt descendu le chaudron qu'il se détacha de la chaîne et fut aussitôt fondu. » Ces rêves insensés firent que les chercheurs de métaux précieux négligèrent parfois des exploitations que le travail pouvait rendre fécondes, et s'acheminèrent vers le pays des chimères.

Aussi sur tous les points de ce beau pays du centre Amérique on rencontre des mines abandonnées à une époque antérieure à la guerre d'Indépendance et pendant la décadence de la monarchie espagnole en Europe. L'eau a envahi les galeries presque toujours peu profondes et que des travaux hydrauliques pourraient assécher et rendre à l'industrie.

Les travailleurs européens, protégés avec intelligence par les gouverneurs locaux, s'efforcent, il faut bien le reconnaître, de réparer le mal causé par l'incurie des anciens oppresseurs du pays.

La maison Wlitte de Londres exploite avec succès les mines du Nicaragua ; une autre maison anglaise tire de grands bénéfices de celles de Guatemala.

Au Honduras. M. Herran fils, qui représente les intérêts d'une compagnie française, tente, avec un savoir que dépasse seule son énergie, de relever une industrie qui fera la fortune du pays. Il trouve près du général président Medina une protection inspirée autant par une bienveillance naturelle que par un patriotisme prévoyant.

Les entreprises de mines sont patronées au Salvador par le Crédit Mobilier.

Cette exploitation, qui, dès le début, a été soumise à des vicissitudes diverses, prend aujourd'hui, grâce à l'ingénieur en chef M. Le Chatelier, une marche progressive, qui réparera les fautes du passé, et tiendra les espérances que le capital doit attendre de filons très-riches, exploités avec facilité et savoir.

La Société française des mines du Crédit Mobilier doit désormais compter sur de fructueux dividendes, et nous n'en doutons pas, elle prendra bientôt place parmi les exploitations argentifères les plus considérables du nouveau monde.

Deux causes ont, suivant nous, retardé la complète rénovation de l'industrie minière dans le Centre Amérique : d'abord, les guerres civiles, aujourd'hui éteintes pour toujours, grâce à la fermeté des gouvernements et à l'esprit conservateur des populations. Longtemps elles ont enlevé des bras à l'agriculture et à l'industrie, amené la ruine des voies de communication existantes, empêché l'établissement de celles que le temps rendait nécessaires. Ainsi dans le Honduras on manquait de routes carrossables : on a dû abandonner au milieu des ravins plusieurs machines apportées d'Europe et destinées aux districts miniers les plus importants, puis au milieu de luttes intestines, certains établissements ont été pillés. Hâtons-nous de dire que ces événements ne sont plus que des souvenirs et que les dommages qui en ont été les conséquences ont été réparés avec magnificence par les gouvernements.

Ainsi l'administration de M. Duenas a payé très-gracieusement une indemnité aux sociétés françaises patronées par le Crédit Mobilier et dont les établissements sis à *los Encuentros* avaient subi quelques dégâts pendant la guerre civile de 1863.

Une seconde cause, qui n'est que le corrollaire de la première, a retardé l'extension de l'industrie dont nous examinons la situation présente. C'est la simplicité par trop rudimentaire des procédés d'extraction, de lavage, de manipulation enfin des matières métalliques. Les entrepreneurs européens ont hésité, avant de compléter leur outillage, arrêtés qu'ils étaient par la situation politique du pays. Il en est résulté que peu de mines, à l'exception de celle exploitée par M. Herran, et par le Crédit Mobilier, ont été ouvertes suivant les errements scientifiques et sur une échelle pouvant rendre fructueuses des opérations toujours longues par leur nature.

Au Centre Amérique, on manque encore le plus souvent de machines pour extraire les eaux ; il faut employer à ce travail des Indiens qui s'en acquittent au moyen de seaux en cuir et perdent un temps considérable ; procédé coûteux malgré le bon marché de la main-d'œuvre. Puis les excavations sont si peu profondes qu'un homme peut à peine y travailler à l'aise.

Quant aux masses minérales, elles sont broyées à l'aide de meules ou de machines grossières mises en mouvement par des bœufs.

Un ingénieur envoyé par le gouvernement français dans les différents centres de productions de métaux précieux, M. Laur a fait sur le sujet que nous ne faisons qu'esquisser ici un travail spécial plein de faits, de chiffres, et qui deviendra certainement d'une grande utilité pour l'avenir.

Espérons que cette publication sera le point de départ d'une nouvelle étape dans la voie du progrès. Si un jour, qui peut-être est proche, les gouvernements européens comprennent enfin l'importance ou, pour mieux dire, la nécessité absolue du chemin de fer interocéanique de Puerto-Caballos à la Union, une révolution complète s'opérera dans la production des mines du Centre Amérique et spécialement de celles du Honduras et du Salvador.

Alors les capitaux afflueront, les machines venues d'Europe seront hissées sur les flancs de la Cordillière, et la vieille chaîne de montagnes, éventrée, livrera enfin à l'industrie l'or et l'argent qui forment ses entrailles.

Pour tout voyageur qui a examiné même superficiellement le terrain de l'Amérique centrale, la présence de terres minérales est partout certaine, et il est hors de doute que les nombreux traîneaux de déblais et de remblais que nécessitera la construction du chemin de fer du Honduras amènera des découvertes d'une richesse extrême.

Si le pays était plus connu de nos compatriotes, nous nous permettrions de faire des calculs, qui, quoique pessimistes, paraîtraient tellement fabuleux que nous aurions l'air, tout en étant dans la vérité la plus stricte, de rééditer un conte des *Mille et une Nuits*.

Les hommes spéciaux peuvent étudier l'œuvre si complète et si sérieuse de M. E. G. Squier ; cet homme d'élite, qui est, non-seulement un grand diplomate, mais aussi un savant de premier ordre, a publié le travail le plus complet qui existe sur l'Amérique centrale.

Soins, études, fatigues, rien n'a arrêté M. Squier dans des travaux qui, joints à ceux de son digne émule, M. Herran, ont jeté un jour nouveau sur le pays le plus inconnu et le plus riche des deux mondes.

Quoique ce travail, fait à la hâte, et sans autre but que de faire connaître notre modeste opinion sur les divers projets de voies interocéanique à travers l'Amérique centrale, n'ait pas la moindre prétention scientifique ou géographique,

Nous croyons cependant devoir indiquer la situation politique et topographique du Honduras et du Salvador.

Certes, ce ne serait pas un court chapitre que nous voudrions consacrer à ces deux États, aussi intéressants qu'ignorés.

Les statistiques manquent, il est vrai ; mais, plus tard, il nous sera facile de faire plus longuement connaître ce que nous sommes seulement obligés d'indiquer aujourd'hui.

Le Salvador se confond trop souvent avec l'île de San Salvador, ou la ville de Bahia San Salvador, située au Brésil.

La poste commet souvent des erreurs qui privent le commerçant de sa correspondance. Nous serions donc heureux de faire cesser des accidents déplorables, et d'arriver à faire apprécier la différence qui existe entre l'État indépendant du Salvador et la ville et l'île du même nom.

VIII

Le Salvador est un des cinq États qui composaient l'ancienne Fédération centrale américaine.

Indépendant depuis le 15 septembre 1821, son Gouvernement a établi les meilleures relations avec la France, l'Italie, l'Angleterre, la Belgique et les États-Unis. Il y a quelques jours à peine, M. Herran, était envoyé à Madrid comme ministre plénipotentiaire. Ce diplomate a conclu avec l'Espagne un traité qui a aplani les difficultés qui s'élevaient parfois entre les sujets de S. M. C. et le Salvador.

Nous nous applaudissons d'un résultat auquel l'un de nous a contribué, en exposant au cabinet de Madrid, qui l'avait chargé, en 1863, des fonctions de consul d'Espagne, à San Salvador, combien il était utile et indispensable de mettre fin à une situation peu normale depuis 1821. S. E. le président Duenas a bien mérité du pays en menant, avec le docteur Herran, cette œuvre à bonne fin.

Des traités de commerce, où les garanties les plus larges sont accordées aux Européens, donnent la sécurité la plus complète à tout étranger qui, en s'établissant dans la république, est exempt d'impôts, du service militaire, et jouit de la protection la plus entière.

Le Code civil basé sur le Code Napoléon, mais modifié suivant des nécessités locales, régit les citoyens; un Code de commerce pourvoit à la prompte exécution des lois, qui, sous ce rapport, sont toutes en faveur de la rapidité si utile aux affaires de banque et d'escompte; des Tribunaux de paix, de commerce, de première instance, et une Cour d'appel fonctionnent avec régularité.

Un corps consulaire anglais, français, italien et américain, protégé par des lois spéciales, et en rapport permanent avec les ministres plénipotentiaires, veille à la stricte observation des traités internationaux.

Le service de courriers bi-mensuel par Panama, et un service postal arrivant à Belize chaque vingt jours, facilitent et établissent les correspondances avec l'Europe.

Le commerce étranger et local demande à grands cris l'installation tant désirée des annexes de la compagnie Pereire sur le Pacifique.

Son service mensuel, entre Saint-Nazaire et Aspinwal, a pris dès le début une large part dans le trafic et les passagers des lignes de la malle royale anglaise.

L'excellente tenue des navires, l'urbanité des officiers et le confort des aménagements rendent toute comparaison impossible avec les compagnies rivales.

Dès que les circonstances le permettront, et que notre pavillon fera escale à Panama, Punta-Arenas, Réalejo, la Union, la Libertad, etc., etc., M. Pereire verra son œuvre au faîte de sa prospérité.

Et la direction aussi intelligente qu'habile que M. Goyetche a su imprimer à la compagnie sera récompensée par les plus fructueuses recettes.

Nous sommes heureux de saisir cette occasion pour manifester, au nom des Français qui habitent les rives du Pacifique, et aussi en celui du commerce salvadorien, combien on est satisfait dans le Centre Amérique du zèle et de l'intelligence déployés dans les paquebots français.

Les ports du Salvador sont visités régulièrement par des navires de guerre européens, et particulièrement anglais.

Le Salvador contient environ 750,000 habitants, sans compter les Indiens, qu'il est difficile d'inscrire sur les registres de l'état civil d'une façon régulière.

Les villes les plus importantes de la République sont :

San-Salvador	40,000	habitants.
San-Miguel	15,000	—
Santa-Anna	12,000	—
Sousonate	8,000	—
Charlatenango	8,000	—
San Vicente	7,500	—
La Union	4,000	—

Le port de cette ville est le plus beau et le plus sûr du Pacifique.

Le gouvernement suprême a été confié, il y a un an, à Son Excellence don Francisco Duenas, avocat distingué qui avait occupé plusieurs fois le siége présidentiel.

Secondé avec énergie par don Grégorio Arbizu, ministre d'État et vice-président de la république, le président Duenas élève à un point extrême la prospérité de la république, où il développe sagement toutes nos institutions européennes.

Le Salvador n'a pas de dette extérieure. Ses revenus dépassent ses dépenses de 450,000 piastres.

IX

La république du Honduras est voisine du Salvador.

Ce riche pays, baigné par les deux océans Pacifique et Atlantique, pouvant communiquer, grâce à des ports excellents, avec les deux mondes, est situé dans la zone tropicale.

Le climat y varie suivant les altitudes, et l'on peut y cultiver aisément les produits américains et nos plantes européennes.

La géographie, l'histoire et la topographie de ce vaste territoire seraient un riche et curieux champ d'étude, que le cadre modeste de notre opuscule ne saurait contenir ; nous nous bornons à indiquer à grands traits les points géographiques les plus importants, et les divisions politiques tracées depuis la guerre de l'Indépendance.

Le Honduras est borné au nord-est par le golfe du Honduras et la mer Caraïbe;

Au sud, par le Nicaragua ; à l'ouest et au sud-ouest, l'État confine aux républiques du Guatemala et du Salvador.

Les côtes du Honduras, sur l'océan Atlantique, présentent un développement de plus de 500 kilomètres, et offrent plusieurs ports, dont le meilleur, celui de port Cortes, ou Puerto-Caballos, sera un des terminus de la ligne ferrée en voie d'organisation.

Les ports d'Omoa et de Truxillo, situés sur le même Océan, sont aujourd'hui les débouchés de la république sur nos marchés européens.

Le territoire du Honduras, resserré à l'ouest entre les États du Salvador et du Nicaragua, ne possède sur le Pacifique qu'une étendue de côtes d'environ 45 kilomètres, le port d'Amapala dans l'île du Tigre; et les facilités extrêmes d'en établir à l'embouchure du Rio Goascoran assurent à la république les commodités de navigation les plus grandes pour communiquer avec les mers de la Chine, la Californie, le Mexique, enfin avec toutes les contrées baignées par le Pacifique.

L'État du Honduras est placé entre les 83, 20, et 89, 30 longitude ouest, et les 13, 10, et 16 latitude nord.

Sa superficie est de 40,000 milles carrés.

M. Henry de Suckan, dans un excellent travail publié en 1866, évalue la surface de cette république à 60,000 kilomètres carrés.

La grande île de Roatan, celles Cuanaja, Bonaca, Utila, Helena, Barbaset et Morat appartiennent aussi à cette république, et lui assurent dans l'Atlantique des ports sûrs et hospitaliers, dont la navigation a déjà compris l'importance.

La population de la république est malheureusement loin d'être en rapport avec l'étendue et la richesse du sol; elle est évaluée à environ 400,000 âmes. Dans ce chiffre on ne doit pas comprendre les tribus indiennes, difficiles à soumettres au cens, car, dès qu'un agent du gouvernement paraît vouloir se livrer à des travaux statistiques et demande leurs noms, ils se sauvent dans les bois, croyant qu'on va les soumettre au service militaire.

Le Honduras a adopté la forme républicaine, et sa constitution, sagement libérale, offre aux indigènes et aux étrangers les garanties les plus complètes de sécurité.

Tous les fonctionnaires sont nommés par l'exécutif, dirigé par un président issu du suffrage universel; en cas de mort, il est suppléé par un vice-président.

Le Corps législatif et le Sénat élaborent les lois, calquées sur celles le plus en usage en Europe.

Le président actuel est Son Excellence don José-Maria Medina, général de division. Cet homme d'État, dont la bienveillance est extrême, jouit de la considération générale. Son élection, acclamée par la population tout entière, promet à la république une ère de prospérité.

Son cabinet actuel est composé d'hommes intelligents et sagement libéraux; aussi les routes, les ports et l'instruction publique sont dans un état de progrès qui décuplera la fortune publique.

Le Honduras est sans contredit un des pays les plus riches du monde, et le jour où le gouvernement voudra exploiter les immenses domaines qu'il possède, il pourra entreprendre les œuvres les plus grandioses.

Ses revenus actuels sont, il est vrai, peu considérables, mais ils suffisent d'ailleurs largement à son budget.

Le produit des douanes d'Omoa, Truxillo, Amapala;

Le privilége de la vente des eaux-de-vie, les droits de sortie sur les tabacs, cuirs, minerais, etc.,

Et la vente du droit d'abattre les acajous, constituent ses recettes principales.

Si le gouvernement exploitait l'acajou pour son compte, il pourrait retirer plusieurs centaines de millions de la vente de ce précieux bois d'ébénisterie.

Les vallées qui avoisinent l'Atlantique renferment des quantités immenses de ce colossal produit des pays intertropicaux.

L'État est d'ailleurs propriétaire des neuf dixièmes du sol de la république.

Rien n'empêche donc l'exécutif de mettre en valeur des terrains dont la culture sera une source intarissable de revenus.

L'état financier du Honduras est excellent, si on le compare surtout à celui des républiques hispano-américaines du Sud. Sa dette extérieure est presque nulle; la culture de quelques centaines d'hectares de tabac à Santa-Rosa suffirait pour la régler. Le prix de quelques milliers de fusils vendus au gouvernement à un taux usurairement scandaleux, et quinze mille dollars à payer à des Européens pour les indemniser de pertes subies pendant des troubles politiques, constituent son passif.

La dette française est très-minime; elle a été liquidée, avec honneur, par un jeune et brillant diplomate qui jouit dans l'Amérique centrale d'une réputation de loyauté chevaleresque.

M. Tallien de Cabarrus, consul général et chargé d'affaires de France pour l'Amérique centrale, a, tout autant par son influence personnelle que par sa situation, réglé à la satisfaction des deux parties les différends franco-honduriens.

Aussi peut-on dire hautement que le Honduras n'a pas de dette publique sérieuse?

Le Honduras se divise en sept départements :

Comayagua, capitale Comayagua, grande et belle ville où réside le gouvernement.

Le siége épiscopal et l'Université sont aussi établis de temps immémorial dans cette ville, qui est placée à égale distance de l'Atlantique et du Pacifique.

Le département de Tégucigalpa, dont la capitale porte le même nom, est le second de la république, grâce à ses mines, qui sont aussi riches que mal exploitées.

Le département de Choluteca, capitale Nacaome.

Ce département est baigné par l'océan Pacifique, et arrosé par le fleuve Goascoran; sa fertilité est prodigieuse, et les bords de la baie de Fonseca offrent une richesse de végétation sans égale dans le nouveau monde; le terrain est admirable pour la culture du cacao, tabac et coton; l'indigo y croît aussi avec une exubérance prodigieuse.

Département de Santa-Barbara, capitale Santa-Barbara.

Ce district important, situé au nord de l'État, renferme le port d'Omoa, dont la vieille forteresse pourrait soutenir encore un siége régulier.

Les vallées formées par les rivières Ulloa, le Blanco, le Chamelicon et le Santa-Barbara, sont très-fertiles, plantées d'acajou, d'arbres à caoutchouc, campêche, bois de Brésil, etc., etc.

Baigné par l'Atlantique, à cinq jours de navigation de la Havane, ce département est appelé à un avenir brillant, si on exploite enfin les ressources agricoles et forestières dont il est largement pourvu.

Le département de Gracias, capitale Gracias.

Ce département est à l'angle nord-est de l'État, et il est ainsi limitrophe du Guatemala et du Salvador.

Ses produits, à cause de son altitude, sont ceux de la zone tempérée ; le blé, le maïs et les plantes européennes y viennent en abondance ; ses ressources forestières, en pins, chênes et arbres de toute nature, sont inépuisables.

Le département de Yoro, capitale Yoro.

L'étendue de ce district du Honduras est immense, mais sa population est peu nombreuse, et nullement en rapport avec les richesses qu'il renferme.

Les nombreuses vallées qui convergent à l'Atlantique sont entièrement couvertes d'acajou ; c'est peut-être le point du globe où cet arbre est le plus aggloméré. Le port de Truxillo, qui dépend de ce département, sert à embarquer l'acajou que les compagnies anglaises exploitent dans ses environs. Le gouvernement du Honduras trouvera là les plus grandes facilités pour exploiter cette branche de la richesse locale, qu'il délaisse aux étrangers moyennant une redevance insignifiante comparativement à la valeur enlevée du sol de la république.

Les Indiens hicaques, travailleurs habiles et actifs, habitent ce département, et fournissent les bandes nécessaires à la coupe de l'acajou.

Département de Olancho, capitale Juticalpa.

Ce département jouit, grâce à son altitude, d'un climat frais et délicieux ; son immense superficie égale, suivant le savant M. Squier, celle du Maryland, et renferme les populations indiennes des Hicaques, Poyas, Toacas.

Ses immenses forêts et ses gras pâturages sont éminemment favorables à l'élève du bétail ; aussi un commerce très-important de bœufs, de mules et de chevaux, assure aux agriculteurs des ressources très-considérables.

Le Honduras, grâce à sa situation sous le tropique et à ses diverses altitudes, est, à ne pas en douter, privilégié, et l'avenir prépare à cette république une ère nouvelle de progrès.

Le commerce du Honduras, comme celui du Salvador, est presque exclusivement anglais. Tout ce qui se consomme dans le pays, à part les vins, huiles et autres produits comestibles que le climat ingrat de la Grande-Bretagne refuse à ce pays de brumes, est seul importé de France avec quelques articles de modes ou de fantaisie que l'industrie anglaise devra toujours laisser fabriquer à Paris, Lyon, etc., etc.

Les indigos, cafés, salsepareille, etc., etc., vont directement en Angleterre, et ce n'est que rarement que ces riches produits des tropiques arrivent en droiture au Havre et à Bordeaux.

Nous espérons que les Français, plus soucieux de leurs intérêts, étudieront enfin ces marchés, dont ils sortiront à leur tour des bénéfices sérieux.

L'exportation du Honduras, moins considérable que celle du Salvador, se compose des produits suivants, communs, quoique dans des proportions différentes, à la république voisine :

Indigo ;

Coton ;

Tabac ;

Minerais d'or, d'argent et de cuivre ;

Cacao ;

Salsepareille ;

Vanille.

Bestiaux (grand commerce avec la Havane).

Bois de construction ;

Acajou et bois d'ébénisterie ;

Bois de campêche et du Brésil.

Caoutchouc.

La résine pourrait être l'objet d'une immense exploitation.

IMPORTATION.

Étoffes cotonnades de Manchester ;

Indiennes mousselines (anglaises) ;

Draps, soieries, et objets Paris en petite quantité.

Vins, huiles, eaux-de-vie.

Le président Médina, suivant l'exemple du chef du gouvernement du Salvador, a pris les mesures les plus actives pour favoriser et développer l'agriculture.

La fortune immense faite par les planteurs de café à Costa-Rica était un stimulant qui devait réagir d'une manière capitale sur les habitudes des autres habitants de l'Amérique centrale.

Aujourd'hui, le Salvador est couvert de plantations de café qui commencent à donner des produits dont la qualité est au moins égale au café si justement vanté de Costa-Rica.

Le Honduras ne peut manquer de suivre ce progrès.

Un pied de café revient à environ 1 franc 25 centimes au moment où il est en plein rapport; sa récolte moyenne est d'environ deux kilogrammes. Ce résultat, qui paraîtrait fabuleux s'il n'était constaté par l'usage, explique les entreprises agricoles qui se multiplient dans l'Amérique centrale.

Un capital de 100,000 francs donne sûrement au bout de quatre ans, lorsqu'il est employé en plantations de café ou de cacao, un revenu égal à la somme dépensée.

Leurs Excellences les présidents des républiques du Salvador et du Honduras méritent bien de la patrie en faisant les plus généreux efforts pour augmenter l'impulsion agricole, qui fera du Centre Amérique le pays le plus riche et le plus productif du globe.

Viennent le chemin de fer et des chemins secondaires pour faciliter les communications, et un avenir brillant est réservé à ces riches contrées, où l'on trouvera plus sûrement qu'aux États-Unis *la richesse et la liberté.*

Il nous reste maintenant à jeter un coup d'œil aussi vé idique que rapide sur les divers plans que l'intérêt public ou privé fait proposer aux capitalistes qui désirent établir une voie interocéanique à travers l'Amérique centrale.

Il s'agit, on le sait déjà, des chemins de fer du Honduras, de celui projeté au Nicaragua, et aussi du canal par Panama.

X

Le percement d'un canal par Chagres, à travers l'isthme, est un plan aussi grandiose qu'irréalisable en principe.

On comprend qu'à l'époque où la puissante impulsion de la vapeur était inconnue, les hommes, désireux de doter le monde de voies sûres et rapides, aient songé à creuser une tranchée gigantesque à l'endroit où l'isthme américain est le plus rétréci, afin d'éviter la longue et périlleuse route qui force les navires à doubler le cap Horn, pour pénétrer dans le Pacifique.

Aujourd'hui, les hommes pratiques et réellement sérieux comprennent l'impossibilité de cette entreprise, et laissent aux voies ferrées, moyen aussi économique que rapide, le soin de réunir les deux grands océans.

Mais admettons qu'un canal pût être creusé à travers l'isthme de Panama, et qu'il fût alimenté par la rivière de Chagres.

Le niveau entre les deux océans est-il le même?

Le volume des eaux de la rivière de Chagres est-il suffisant pour alimenter le canal?

Le sol marécageux du versant de l'Atlantique peut-il se prêter au *creusement solide* du canal de Panama?

Voilà, certes, trois questions sérieuses, et que la science a résolues par la négative. Aussi persistons-nous à considérer le canal par Chagres comme une impossibilité.

Et cependant, s'il se trouvait un homme assez hardi et un capital assez puissant pour tenter une œuvre que la couronne d'Espagne n'a osé essayer à l'époque où elle était la plus riche du monde, ne rencontrerait-on pas, dans le manque absolu de terminus, un obstacle contre lequel l'or et le génie ne sauraient lutter ?

Colon Aspinwal est-il un port qui puisse être le centre d'un vaste commerce ?

Nous avons séjourné plusieurs fois dans cette nouvelle ville, dont l'importance gît uniquement dans l'impossibilité de trouver une autre tête de ligne pour la voie ferrée actuelle, et il a été facile de nous convaincre que là on ne saura jamais trouver les éléments d'un port sûr et commode.

Il est vrai, l'embarquement est facile à Aspinwal ; un môle relie le navire au rivage, et les voyageurs peuvent, avec rapidité, se rendre à la gare du chemin de fer.

Mais, sans parler d'un climat de feu dont la chaleur suffocante est rendue morbide par les exhalaisons d'un sol marécageux, les vents du nord se déchaînent avec rage sur une rade que nul obstacle naturel et artificiel ne protége.

Nous avons vu des navires sombrer à trente mètres du rivage.

Colon Aspinwal, malgré sa prospérité et son immense accroissement, ne saura jamais être considéré que comme une rade foraine que des nécessités implacables feront fréquenter. Le jour où le chemin de fer du Honduras serait construit, il perdrait une importance qu'il ne doit qu'au monopole de la ligne de Panama.

Mais si, par miracle, et malgré les difficultés qui ont fait reculer des empires puissants, le canal était creusé, quel serait son terminus sur le Pacifique ?

La rade d'Aspinwal, sûre, d'ailleurs, quand le terrible vent du nord ne provoque pas la ruine et la terreur, aurait-elle un abri à offrir à des navires qui, en la quittant, passeraient dans le Pacifique ?

Le port de Panama pourrait-il être un refuge? non. Tous les navigateurs le connaissent, et ils savent souvent, par une cruelle expérience, que les navires du plus mince tonnage ne sauraient y pénétrer en aucun temps.

Des canots, qui parfois ne peuvent accoster le rivage qu'à la haute mer, et des barques de pêcheurs peuvent seulement arriver, sans trouver un abri, dans le port de Panama.

La mer, qui a dû baigner les puissantes murailles de Panama, paraît s'éloigner insensiblement de la ville.

Les flots, poussés par un vent violent, battent seulement à de rares intervalles les bastions, où, sous la domination espagnole, les puissants galions accostaient en sûreté.

Pour s'embarquer, il faut prendre un petit navire dont le fond presque plat, est souvent la cause de sinistres. Ce petit steamer vous amène à une île située à plusieurs milles de Panama. Là, après un transbordement difficile et coûteux, on part enfin soit pour la Californie, soit pour le Mexique, le Pérou, etc., etc.

Cette façon longue, ennuyeuse, dispendieuse et souvent difficile de prendre la haute mer, peut-elle se comparer à la sûreté et à la rapidité que tout embarquement trouve dans les ports de Puerto-Caballos ou dans la baie de Fonseca?

D'ailleurs, ce désavantage que rien ne saurait compenser, ne serait pas le seul que rencontrerait le percement d'un canal; les difficultés matérielles seraient épouvantables, les dépenses immenses. Quant à la vie de ceux qui auraient à l'exécuter, elle courra un danger certain, dont l'effroyable mortalité des travailleurs de la ligne ferrée ne saurait donner une idée.

Chaque traverse du chemin de Panama a coûté la vie à un homme, nous disait sur les lieux un ingénieur américain.

Ce résultat horrible nous paraissait d'autant plus véridique, qu'en plein été, et à l'époque de la sécheresse, les émanations méphitiques qui s'exhalaient aux environs de la voie, portaient atteinte à notre santé et nous faisaient désirer vivement de sortir de ces lieux, repaire périodique du terrible vomito.

Tributaire forcé de la voie ferrée de Panama, nous avons rendu à ce travail gigantesque le témoignage de légitime admiration qui appartient à l'œuvre du génie.

Sans tenir compte du climat d'Aspinwal, des difficultés du port de Panama et des ennuis d'un transbordement souvent dangereux, nous avons pris ce chemin, dont le bienfait est d'éviter de doubler le cap Horn; mais quel sera le voyageur qui suivra cette route alors que le chemin du Honduras lui fera éviter le triple inconvénient

Des ouragans de la mer des Antilles,

Des dangers sanitaires de Colon Aspinwal,

Et des ennuis de Panama?

Pour les passagers qui iront à San Francisco, la Chine, le Mexique et l'Amérique centrale, le doute n'est pas possible. A la commodité et à la sécurité ils joindront une immense économie de temps.

Ceux qui se dirigeront vers le sud, au Pérou, au Chili, etc., trouveront dans la voie nouvelle les mêmes éléments de rapidité que par la voie actuelle, sans y rencontrer aucun des inconvénients que nous avons signalés.

Les constructeurs du chemin de fer de Panama ont accompli un acte de courage qui a été largement rémunéré. Le capital consacré à cette affaire est déjà plusieurs fois rentré entre les mains des actionnaires, qui ont touché des dividendes de 63 pour 100.

Passons maintenant au chemin projeté à travers le Nicaragua.

Au projet grandiose de M. Félix Belly, qui voulait creuser dans le roc un canal qui utiliserait le fleuve San Juan et les grands lacs du Nicaragua pour arriver à la jonction des deux mers, a succédé un tracé bâtard et mesquin, proposé par une compagnie anglaise, qui veut, elle aussi, relier les deux océans, mais par un chemin de fer et un service de bateaux à vapeur à travers les lacs du Nicaragua.

Nous avons le droit et le devoir d'étudier cette affaire, qui nous paraît d'ailleurs difficile à exécuter, et dont la réussite est plus que problématique. Le chemin partirait d'une baie récemment découverte par le capitaine Pims, de la marine britannique. Là on créait un port artificiel qui permettrait de débarquer les passagers et les marchandises, qui auraient à subir leur premier transbordement

La voie, suivant la frontière du pays Mosquito, partirait du port de Minskay, se dirigeant vers le sud-ouest, et après avoir traversé la rivière de Corn, elle arriverait au port de Miguelito sur les bords du grand lac de Nicaragua.

Ce tronçon serait d'environ 80 milles anglais, à Miguelito, second transbordement sur une ligne de vapeur qui, traversant le grand lac de Nicaragua, dans la direction du nord-ouest, et sur une largeur de 85 milles, amènerait les passagers à Granada, ville importante du Nicaragua.

Troisième transbordement dans ce port, et reprise de la voie ferrée. De Granada, la voie se dirigeant toujours au nord-ouest, en passant par Managua, côtoyerait le lac qui porte le nom de cette ville, traverserait Léon, capitale de la république, et irait enfin déboucher au port de Réaléjo, où un quatrième transbordement serait imposé aux voyageurs. La longueur du parcours serait de 170 milles.

Le principal inconvénient que rencontreraient les constructeurs de ce chemin, si toutefois le capital peut se rassembler, serait considérable. D'abord rien ne saura empêcher le port de Réalego d'être insuffisant pour les navires d'un certain tonnage, et les grands navires de commerce ne pourront jamais y pénétrer.

Cela est si vrai que, dans les projets de canal, ce port avait été écarté, et qu'on avait adopté comme point de départ la magnifique baie de la Union, sur le Pacifique.

Minshay, port, et Réalego offriront des obstacles insurmontables aux grands navires, qui peuvent seuls être employés pour les longues traversées. Les transbordements sur les lacs du Nicaragua ne pourront qu'augmenter ces difficultés en rendant le voyage aussi long que coûteux.

Le tracé du capitaine Pims s'écarte, on le voit, de la ligne de transit déjà adoptée par l'émigration californienne. Actuellement, les navires partis de New-York débarquent les passagers à Greytown.

Cette malheureuse ville, ruinée par l'atroce bombardement de 1854, ne s'est plus relevée de ses ruines. Personne n'ignore qu'un commodore de la marine Yankee, abusant du droit brutal du plus fort, incendia cette cité naissante ; les bombes lancées par des mains aussi barbares que malhabiles ne produisant aucun ravage, le commandant fit descendre des marins, qui activèrent avec la torche le mal que les mortiers ne savaient produire.

De Greytown, les émigrants profitant de la navigation du fleuve San Juan, suivent la voie fluviale et le lac jusqu'à Virginie Bay; de ce point, une ligne d'omnibus les amène à San Juan du sud, d'où ils se dirigent vers San Francisco. Cette route, malgré ses ennuis, est préférée par bien des voyageurs, qui cherchent à éviter les longueurs, les ennuis et surtout les extorsions de la voie par Panama.

Aussi l'emploi mensuel de cette route semée d'obstacles à travers le Nicaragua est la meilleure preuve des inconvénients que nous avons signalés sur le chemin de fer de Panama, et démontre par le nombre de passagers qui la traversent l'utilité de la création du chemin de fer du Honduras, et les bénéfices que les entrepreneurs pourront réaliser.

Le passage par Panama, le transit par Greytown et San Juan du sud, ne sont que des essais qui constatent l'évidence et la nécessité du chemin de fer dont M. Herran, le ministre du Houduras, à Paris, veut doter le monde commercial.

La ligne transatlantique reliant le Pacifique à la France, sans grever notre commerce de l'intermédiaire onéreux américain, procurera à notre industrie un débouché considérable en faisant arriver en droiture sur nos marchés les riches produits intertropicaux qu'un long monopole a fait jusqu'à ce jour acheter en Angleterre.

Au point de vue national et des intérêts de notre glorieuse mère patrie, nous recommandons à tous les hommes de progrès l'étude de cette affaire, dont le résultat logique sera de rapporter de gros dévidendes au capital assez sensé pour chercher dans un placement sérieux un bénéfice assuré.

Si les renseignements que nous tenons de source officielle sont précis, le gouvernement du Houduras offrirait, en garantie, aux actionnaires de la nouvelle ligne, ses immenses domaines, où l'exploitation sagement réglementée de l'acajou peut à elle seule payer trois fois la construction du chemin, et enlever au capital toute chance aléatoire; la vente des emplacements aux deux terminus, et l'achat de terrains que l'agriculture recherchera avec avidité, constituera ainsi une source de bénéfices incalculables et une sécurité sans précédent. Ajoutons aussi que nos compatriotes trouveront au Honduras et au Salvador : liberté! protection et amitié ! car, plus que toute autre, la France est faite pour sympathiser avec ces populations douces et curieuses du progrès.

Les républiques hispano-américaines sont, comme nous, d'origine latine; notre religion est la même, et volontiers notre langue y est parlée; le caractère de nos nationaux, d'ailleurs, plaît mieux que celui des races saxonnes.

Apportons donc, à ces peuples qui ont tant d'avenir, nos produits français qui seront toujours préférés à ceux de nos rivaux, parce qu'ils portent avec eux un cachet de bon goût et d'élégance qui ne sera jamais égalé.

Outre le marché de San Francisco, trois milliards de trafic attendent la concurrence française dans les républiques hispano-américaines. Espérons donc que le traité de commerce, combiné avec la création des lignes transatlantiques et la construction du chemin de fer du Honduras, permettra à notre mère-patrie d'y prendre la part qui lui revient.

Celui qui ouvre un nouveau marché à son pays est un conquérant pacifique, et cet écrit, comme bien d'autres, est un modeste mais consciencieux effort pour nous rendre utiles.

Paris. — Typographie Morris et Comp., rue Amelot, 64

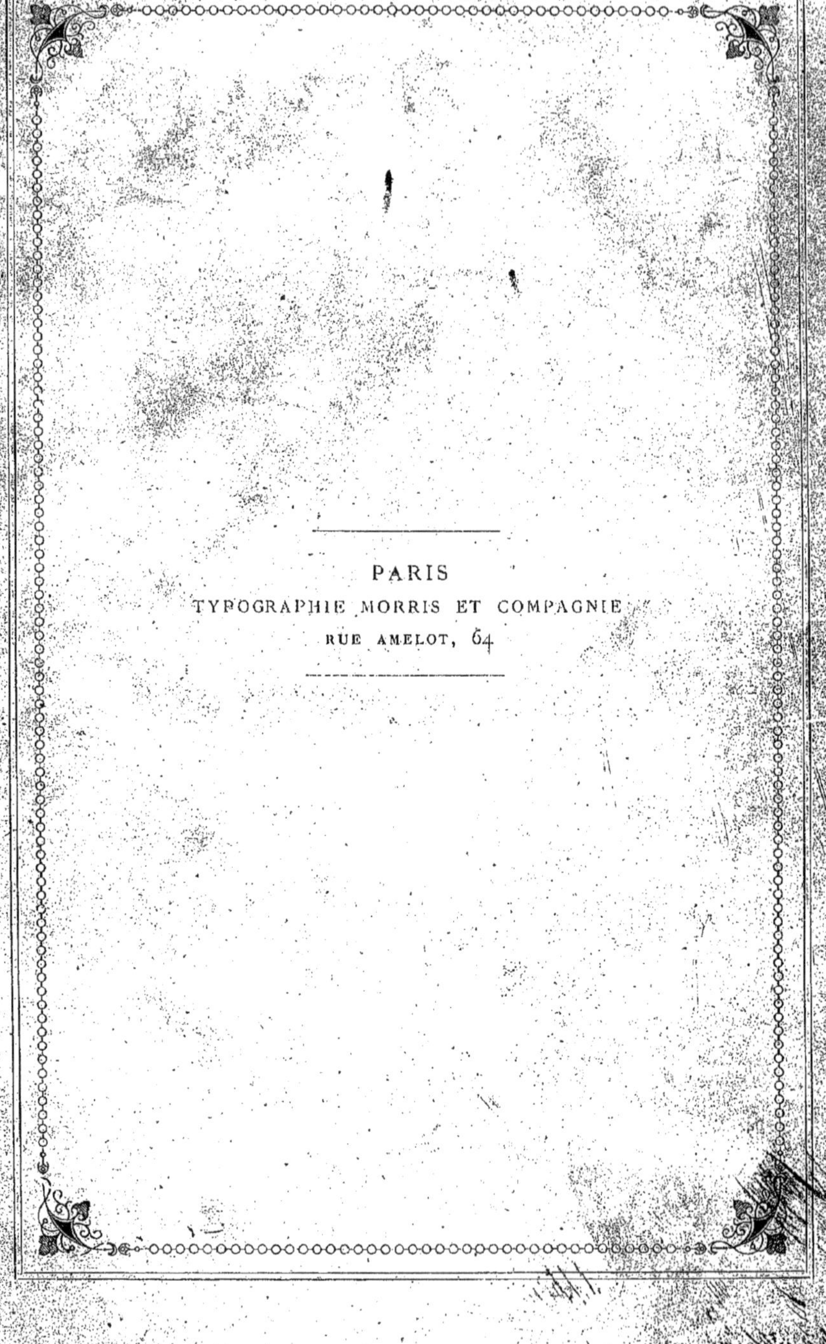

PARIS
TYPOGRAPHIE MORRIS ET COMPAGNIE
RUE AMELOT, 64

www.ingramcontent.com/pod-product-compliance
Ingram Content Group UK Ltd.
Pitfield, Milton Keynes, MK11 3LW, UK
UKHW021217230726
13926UKWH00003B/1080